# PRIÈRES POUR LE BONHEUR

Henri Brunel

# PRIÈRES POUR LE BONHEUR

*Instants de recueillement, de méditation et de sérénité autour de la prière*

## Avec un abécédaire marial

De Vecchi

Du même auteur

*Guide de relaxation pour ceux qui n'ont pas le temps*, Seuil, 1996
*Restez zen (la méthode du chat)*, Seuil, 1998
*Les Plus Beaux Contes zen*, suivis de *L'Art des haïkus*, Calmann-Lévy, 1999
*Prières pour ceux qui n'ont pas le temps*, L'Atelier, 1999
*Le Guide du haïku : (Internet 00h00.com)*, épuisé
*Les Plus Beaux Contes zen*, « La grue cendrée », Calmann-Lévy, 2000
*Les Plus Beaux Contes zen*, « Le bonheur zen », Calmann-Lévy, 2001
*Contes zen*, Librio, 2001
*Petit livre de la sagesse monastique*, Table ronde, 1999
*Petit traité du bonheur*, Table ronde, 2000
*Prière à décoiffer les clochers*, Cerf, 2002
*La Relaxation pour tous*, Librio, 2002
*Les Plus Beaux Contes zen*, Frémeaux et Associés (double CD lu par Dominique Blanc)
*Je confie mes traces aux nuages*, Calmann-Lévy, 2002
*Nouveaux contes zen*, Librio, 2003
*L'Humour zen*, Calmann-Lévy, 2003
*L'Année zen*, Calmann-Lévy, 2003
*Dieu en poche*, Librio, 2004
*Conte du chat Maître Zen* (beau livre), illustrations Christian Roux, Calmann-Lévy, 2004
*Le Moustique*, Librio, 2005
*Sages ou fous, les haïkus ?* Calmann-Lévy, 2005

*À maman.*

# *Prélude*

Il y eut un matin. Le premier jour, où l'homme se tourna vers le ciel et dit :

*Ô mon Dieu, que vous êtes grand !*

Et ce fut le commencement. Dans le tohu-bohu des émotions, le désordre des pensées, l'urgence de vivre, la prière troua la place de Dieu.

*Seigneur, je vous aime !*

Toute prière, qu'elle soit de demande, d'action de grâces ou de louange, est un cri d'amour :

*Ce que je ressens avec certitude, Seigneur,*
*c'est que je vous aime !*
*Mais qu'est-ce que j'aime en vous aimant ?*
*Une lumière, que ne limite aucune étendue,*
*des mélodies que n'emporte pas le temps,*
*des parfums, qui ne se dissipent pas au souffle du vent,*
*une étreinte, que rien jamais ne désenlace.*
*Voilà ce que j'aime, quand j'aime mon Dieu.*

Saint Augustin,
*Confessions*, Livre X.

# *Je suis le portier*

Chacun de nous au théâtre de la vie tient son rôle, joue son personnage. J'ai choisi de me tenir sur le parvis de l'église. Je suis le portier.

En racontant des anecdotes, en plaçant quelquefois ma vie en vitrine, en faisant rêver ou sourire, par la tendresse et par l'humour, clown, jongleur ou troubadour, j'exerce ce que l'on appelait autrefois un « ministère du seuil ». J'appelle les passants à entrer dans la maison de mon Seigneur.

L'âge et l'expérience ont écrêté mes vanités. Je sais bien qu'il ne resterait de mes paroles, de mes prières insolites et de mon chant que ce qui reste de la « danse d'une mouche dans un rayon de soleil », comme disait Montherlant, si j'oubliais mon rôle et ma place. Je suis celui qui crie devant la porte :

*Entrez, entrez, braves gens, entrez dans la maison de Dieu !*

Je suis le portier.

Henri Brunel

# *Prières*

Voici des prières
à temps et à contretemps.
Fumées légères, que la vie emporte
au vent d'oubli.

Suivies d'un abécédaire
en l'honneur
de Marie.

## *Jour de Pâques*

En ces temps heureux de mon enfance, où nos églises étaient pleines, quand la tradition exigeait que l'on « fasse ses Pâques », c'est-à-dire : se confesser, communier, assister à la fête par excellence de la religion chrétienne, quand chaque fidèle en l'honneur du printemps mettait une robe, un foulard, un chapeau neuf, quand la France se souvenait de la foi de ses ancêtres... en ces temps lointains, un problème se posait au curé de notre paroisse. Comment organiser la sortie, comment éviter qu'après l'*Ite missa est* ne se produisent d'indécentes bousculades, qu'un enfant ne soit séparé de sa mère, qu'une jolie dame ne perde l'aigrette de son chapeau ?
Un matin de Pâques, le jeune vicaire, chargé par le curé de veiller à la bonne marche cérémonielle, monta en chaire, alors que la messe se terminait. Tous les yeux se tournèrent vers lui, étonnés :

« Mes bien chers frères, fit-il d'un ton solennel, afin d'éviter des incidents regrettables, comme il s'en produisit l'an dernier, où l'une de nos paroissiennes fut aux trois quarts étouffée, je vous demande instamment de respecter la consigne suivante : "Que chacun reste à sa place, jusqu'à ce que tout le monde soit sorti !" »

Il y eut des regards stupéfaits, un instant suspendu de silence pétrifié, et de proche en proche un sourd grondement enfla ; c'était une sorte de rire contenu, qui venait du ventre, se répandait parmi la foule. L'épouse du notaire, tant l'hilarité réprimée la secouait, en perdit une plume de son chapeau. Le curé, dans sa chasuble d'or, tout là-bas à l'autel, qui avait mal entendu, regardait, d'un air effaré, le peuple chrétien si sage à l'ordinaire, que traversait comme une houle de gaieté. Les enfants du catéchisme, sentant l'ambiance joyeuse, riaient de confiance et commençaient à se débander, malgré les chuchotements courroucés de la religieuse en cornette. Enfin, l'assemblée, dans un grand désordre, s'écoula hors de l'église, tandis que le jeune vicaire, tout frais rasé, tout rouge dans son surplis blanc, accompagnait la foule de grands gestes désespérés.

Quand les maris, les sceptiques, qui se faisaient gloire de ne jamais mettre un pied à l'église, même le dimanche de Pâques, quand tous les mécréants, les laïques, les rouges virent sortir ce matin-là, sous le radieux soleil d'avril, ces visages hilares, avec cet air de fête qui illuminait les jeunes, les vieux et le percepteur, ils envièrent un instant ces chrétiens, qui semblaient tant s'amuser à l'église.
On rapporte que des athées convaincus vacillèrent ce matin-là dans leurs convictions, et le vieux Magloire, un ancien communard, qui entendit la nouvelle, se confessa, dit-on, juste avant de mourir.
Dieu, pour nous séduire, emprunte parfois d'étranges chemins.

*L'Esprit souffle où il veut, quand il veut,*
*Et l'on ne sait ni d'où il vient ni où il va.*

## *La prière naïve*

Il y a la prière qui nous fut donnée par le Christ : « Notre Père » ; les prières des offices liturgiques, les prières modulées selon le calendrier : Avent, Noël, Carême, Pâques, Pentecôte, etc. Il y a les prières spécifiques pour un baptême, un mariage, un enterrement.
Mille et une sortes de prières.
Celle qui m'émeut aujourd'hui, c'est la « prière naïve », la prière de François d'Assise. *Il Poverello*, « Le Petit Pauvre » :

*Loué sois-tu, mon Seigneur, avec toutes tes créatures*
*Spécialement messire frère Soleil*

*Loué sois-tu, mon Seigneur, pour sœur Lune et les Étoiles*

*Loué sois-tu, mon Seigneur, pour frère Vent*
*et pour l'air et pour les nuages*
*pour l'azur calme et tous les temps*

*Loué sois-tu, mon Seigneur, pour sœur Eau*
*qui est très utile et très humble*

*Loué sois-tu, mon Seigneur, pour frère Feu*
*par qui tu éclaires la nuit*
*il est beau et joyeux*

*Loué sois-tu, mon Seigneur, pour notre sœur*
*Notre mère Terre,*
*Qui nous porte et nous nourrit*

*Qui produit la diversité des fruits*
*Avec les fleurs diaprées et les herbes*
*Etc.*

Prière unique, confondante d'humilité, de confiance. Aucune prière ne chante à ce point : « Seigneur, je t'aime par toute la Création et je m'abandonne sans réserve, ni prudence, ni retour à ta Volonté. »
Heureux celui qui sait prier ainsi la prière naïve, à l'image de François, le saint natif d'Assise.

# *La joie de prier*

« Il y a de bons mariages, il n'y en a point de délicieux », écrit François de La Rochefoucauld. Je ne chamaillerai point sur ce sujet, quoi que je puisse en penser, le décourageant auteur des *Maximes*, mais je lui tiendrais tête hardiment s'il se mêlait de dire la même chose de la respiration. Je soutiendrais obstinément qu'il y a des respirations délicieuses.

Vous connaissez les respirations embarrassées, coincées, enrhumées, sifflantes, ronflantes, les précipitées, les courtes, les saccadées, les étouffées, les caverneuses ! Vous connaissez aussi les respirations agréables, les douces, les profondes, les calmes, les régulières, les complètes, les rythmées, les silencieuses, les magnifiques ! Mais connaissez-vous les respirations délicieuses ? Écoutez votre respiration, suivez-la patiemment, amoureusement, de l'ombilic jusqu'au seuil de l'arrière-gorge, sentez-la qui se glisse en vous, légère danseuse, la respiration délicieuse.

Si je dis ces choses, ce n'est point gratuitement : aller-retour, inspire, expire, sans laisse, ni trêve, tant que la vie nous dure. Respirer c'est vivre. La vie spirituelle n'a pas d'autre loi. Elle repose tout entière sur la prière. Ce face-à-face d'Amour avec le Seigneur, la nuit, le jour, sans laisse, ni trêve.

La prière est la respiration de l'âme. On vous dira qu'elle est rituelle, précieuse, et même obligatoire. Et je vous dirai qu'elle est tout simplement délicieuse.

Vous prier, Seigneur, est une fête !

## *Face à la mer*

*Oui : Grande mer de délires douée*
*Peau de panthère et chlamyde trouée*
*De mille et mille idoles du soleil*
*Hydre absolue, ivre de ta chair bleue*

Paul Valéry,
*Le Cimetière marin*

Face à la mer, le goût de prier me prend à la gorge. «Prie n'importe comment, dit Dieu. Gauche, insolite, embarbouillé de poésie profane, l'important est de prier.» Cette rencontre, ce rendez-vous d'Amour, c'est cela qu'il ne faut pas manquer. La prière est donnée à la prière, et toutes les raisons sont bonnes, et tout paysage qui invite à Dieu.

*Ô Seigneur, Ô Marie, étoile du matin*
*Du cap Gris-Nez, de la mer bleu ciel et laiteuse*
*Jusqu'aux folles turbulescences des vagues biarrotes*
*De la Côte d'Opale à la Côte d'Argent*
*Je vous prie.*

*Ô Seigneur, Ô Marie, étoile du matin*
*De la mer vert céladon, qui bat à Ploumanac'h*
*Les rocs de granit rose*
*Au bleu étincelant de La Ciotat*

*Près des falaises ocre*
*De la Côte d'Émeraude à la Côte d'Azur*
*Je vous prie.*

De l'est à l'ouest, et du nord au midi, devant la mer changeante aux rêves infinis, la mer, la mer « toujours recommencée », Ô Seigneur, Ô Marie, comme un enfant ébloui, je vous prie.

## *J'ai crié vers toi, Seigneur...*

*Clamavi ad te, Domine...*

Les hommes comme des loups se déchirent entre eux. Plus de lois, plus de règles, ceux qui vous marchent sur le ventre pour grimper plus haut, ceux qui vous écrasent contre le mur pour passer plus vite...
AU SECOURS, MON DIEU !
Les néons brutaux, l'électronique impitoyable, le métro robotisé. La planète souillée, pillée. Les enfants qui vous oublient, les amis qui s'enfuient, le grand âge qui prépare en nous d'ignobles traîtrises...
AU SECOURS, MON DIEU !
Le sourire d'un enfant, la grâce d'une hirondelle un matin de printemps. Le doux balancement d'une feuille de chêne. Le château d'Azay-le-Rideau, l'équilibre, l'élégance de ses tourelles ; un tableau de Vinci, un autre de Raphaël, et les moines de Bellefontaine...
MERCI, MON DIEU !

*Les moines en ce vallon des Mauges veillent,*
*glorifient Dieu, l'implorent, le remercient,*
*et nous reprenons espoir près d'eux.*

M. Laurentin,
1936.

Pour toutes ces choses au-delà des mots, qui chantent l'Absolu, pour cette foi que vous m'avez donnée, pour cette vie que vous m'avez prêtée... MERCI, MON DIEU !

## *Prière pour un chat qui jouait au football*

Blue, ainsi nommé pour son œil bleu, un peu loucheur, comme il sied à un siamois de bonne race, était un chat de huit mois, dans la jouvence et la pétulance de l'âge, grand amateur de football. Sa vocation se déclara un jour que je tapai dans une balle, et qu'il la stoppa.
« Tu seras goal, mon fils ! », lui dis-je.
À cet instant, son destin se scella.

Les beaux soirs d'été, Blue et moi nous nous installions dans la grande allée du jardin, bordée d'un minuscule muret recouvert de lierre. Le ballon d'un diamètre de douze centimètres était à damier rouge et blanc, pour tenir compte de la vision singulière des chats.
Je l'entraînais à bloquer des penaltys. Je lançais mon cri d'avertissement : « BLUE, EEEEEEEEEEEEEEE ! », et j'armais mon pied droit.
Le gardien félin s'arc-boutait alors dans le lierre, les oreilles couchées, le dos surbaissé comme un capot de formule 1, en appui maximal sur les pattes arrière, les yeux épiant au ras des moustaches…
« Prêt ?… »
Je bottais. Il jaillissait comme un météore, une fusée, il exécutait au-dessus du ballon un saut vertigineux, une cabriole étourdissante, et le ballon piteux s'en allait achever sa course dans le lierre.
Quel goal !

Quels bonds fantastiques !
Quel champion il était !
Si j'écris ces choses au passé, c'est qu'il a disparu une nuit d'hiver. On me dit qu'il est mort étranglé par le collet de quelque braconnier. Je suis certain qu'il est au ciel dans l'équipe féline, et qu'il arrête les penaltys au paradis.

## *La maison du temps*

Bientôt mon anniversaire. Soixante-seize ans. Je sais aujourd'hui, dans mes os, que j'habite la maison du temps. Les murs sont de sable et le toit de vent. La charpente s'effrite, les corbeaux font leur nid dedans. J'habite un palais en carton, un château de lune, qui s'efface déjà dans la brume. J'habite la maison du temps...
« Il est écrit dans l'Ecclésiaste, dit monsieur le curé :
"Toute chair est comme l'herbe...
... Car l'homme s'en va vers sa maison d'éternité, et déjà les pleureuses rôdent dans la rue."
– Chapitre XIII, verset 5, dis-je à mon tour.
– Eh bien, vous qui vous proclamez chrétien, vous devez frétiller d'aise », dit avec ironie mon voisin Albert.
Seigneur, je devrais, oui, je devrais. Mais je ne suis qu'un homme très ordinaire. Affermissez mon cœur, l'Éternité c'est une autre vie, une autre saison. Je dois l'avouer, je regretterai ma maison de sable et de vent, ma maison du temps.

## *Un geste d'amour*

Hier soir, je promis au Seigneur :
« Demain, oui, demain, j'accomplirai un beau geste d'amour ! »

Ce matin, je me gratte la tête du front à l'occiput, sans rien dénicher qui plaise au Seigneur. Voyons : que puis-je faire ? Aborder la famille de chiffonniers qui squatte un terrain vague au bout du village ?
« Tenez, dirai-je, un billet de vingt euros à la main, voici pour vos bonnes œuvres. »
Ils me prendront pour un fou, lâcheront peut-être sur moi le pit-bull aux yeux injectés de sang qui tire sur sa laisse quand « l'ombre de mon ombre » s'esquisse à l'horizon. Changeons de tactique. Au lieu de tenter ma chance auprès d'hommes ombrageux, de matrones soupçonneuses, je choisirai une enfant sans malice :
« Accepte, lui dirai-je, ce sac de bonbons, dont je me suis prémuni à ton intention : c'est mon cadeau d'amour !
– Papa ! s'écriera l'innocente en se tournant vers le boucher, son père, qui la regarde partir à l'école. Le vieux monsieur m'offre des bonbons !
– Cochon lubrique, infâme pédophile ! Je vais le découper en biftecks, ce dégoûtant ! Je vais l'estrapader, l'écraser contre le mur, ce vieux cancrelat, cette charogne puante, immonde, gluante, excrémentielle ! »

Cette dernière épithète un peu littéraire me surprend dans la bouche de cet honorable commerçant au parler rude et simple. Mais je ne commente rien, je m'enfuis rouge de honte sous une pluie d'épluchures que me lancent les commères, ses voisines. Que faire ? Comment réaliser mon vœu, et plaire ainsi au Seigneur ? Glisser discrètement un billet de cinquante euros dans une boîte aux lettres choisie au hasard ? Me sauver ensuite à toutes jambes, mon forfait accompli : pas vu, pas pris ? Je me souviens d'une vieille tante qui découvrit un beau matin un billet de cent francs niché entre deux factures et une publicité pour un concert de rock.
Elle se tourmenta pendant des mois, en imaginant de noirs complots ourdis par d'abominables fripouilles. Ce billet assombrit les derniers temps de sa vie.
« Donnez à une œuvre quelconque ; il n'y a que l'embarras du choix », me suggère mon voisin Albert.
Je me méfie. Les journaux regorgent des exploits de ces associations qui récoltent les dons pour le seul profit de leurs dirigeants. Vacances aux îles heureuses, luxe et volupté. Faciliter ainsi le stupre et l'orgie, encourager le vice ! Est-ce bien là ce « geste d'amour » qu'attend de moi le Seigneur ?
« Souriez à tous, me dit cette aimable personne. Un sourire vaut tous les cadeaux !
– Mais un vieux monsieur comme moi, qui suis en pleins travaux de ravalement, à qui il manque huit dents de devant... Sourire comme ça ? », fais-je, en découvrant ma bouche édentée.
Mme Sénéchal se recule, horrifiée :
« C'est-à-dire... » balbutie-t-elle.
Il ne me reste que la prière. Alors, Seigneur, je viens vers vous, et je vous dis :

*Seigneur, je vous aime*
*Vous avez transpercé mon cœur par votre Verbe,*
*et je vous ai aimé.*
*Et de toutes parts, le ciel, la terre, et tout ce qu'ils contiennent*
*Me disent de vous aimer.*

Saint Augustin,
*Confessions,* Livre X.

« Seigneur, je vous aime. » Quoi d'autre ajouter ?

# *Prière d'automne*

*La vache : meuh ! meuh !*
*surgit*
*de la brume*

Haïku du poète japonais
Kobayashi Issa
(1763-1827).

Pendant trois jours il a plu, et la terre rassasiée goûte ce matin la jeune caresse du soleil. Je suis sorti de mon bureau. La douceur du temps m'a fait laisser livres et écritures. Je contemple la plaine traversée par la grande vague des labours. La terre brune, les fines rayures vertes du bébé blé qui lève. Les pousses confiantes tètent déjà le soleil. Au fond du décor, les chênes roux et touffus semblent poser pour un tableau de Corot. La campagne fait le gros dos. Les poules lustrent leurs plumes. Dans la prairie, la rosée étincelle. Un paysan en cotte bleue ouvre sa veste au soleil ; il me sourit. Cela lui est venu sans qu'il le veuille, en hommage à cette surprise du beau temps, hors saison, hors du temps. Mon chien à l'affût guette un mulot imprudent qui veut de la pointe de ses moustaches prendre part à la fête.

Dans le long défilé des jours pluvieux et gris de novembre, c'est un entracte du printemps. La grâce que Dieu parfois nous accorde, quand son Amour nous cueille le cœur un instant.

## *Prière pour les politiciens*

M. Martin était agrégé de grammaire. Un homme droit, honnête, presque raide, un chrétien de grande cuvée. Je l'aimais bien. Dans cette petite sous-préfecture du Midi, où j'exerçais mes fonctions de proviseur, il était maire adjoint. Nos relations étaient franches, agréables, presque confiantes. Un matin, je l'interrogeai amicalement :

«Alors, monsieur Martin, vous vous présentez aux prochaines élections législatives?»

Je souriais sans arrière-pensée. Mais il s'était brusquement figé :

«Non, monsieur le proviseur, je ne me présente plus.

– Mais pourquoi? fis-je, étonné. Vous êtes un homme dévoué, compétent, vous seriez un excellent député!

– Je ne dispose pas de l'argent nécessaire à ma campagne...»

Je le contemplai un instant. Cinq enfants, une maison à crédit, un salaire de professeur pour tout bien au soleil. C'était peu, évidemment...

«Il vous manque beaucoup?

– Deux cent mille francs, vingt millions anciens, fit-il sèchement.

– Et votre "parti" ne pourrait pas vous aider?

– Oui, on me l'a proposé.

– Eh bien, alors!

– Monsieur le proviseur, il me faudrait rendre...»

Nous nous regardâmes en silence. Il se tenait debout, le dos raide, moi assis à mon bureau de proviseur. Devant nos yeux défilèrent à cet instant comme un songe : marchés truqués, passe-droits, pots-de-vin... le lot commun. Le silence se prolongeait. Je me levai, lui serrai la main avec une brusque chaleur d'amitié. J'avais le cœur serré. Il était impassible, digne. M. Martin ne fut jamais député. Cette histoire se passait dans les temps anciens. Mais je continue de prier pour les « politiciens », en souvenir de M. Martin, un homme droit, presque raide, un chrétien de grande cuvée, qui voulut demeurer honnête.

## *Udivine*

Soudain, je l'ai « vue » dans le soleil, la chatte grise aux yeux d'or. C'est une chartreuse, de noble lignée. Sa robe n'est pas une parure de chat ordinaire, c'est une fourrure épaisse, où les doigts s'enfoncent et se perdent. Sa couleur est grise, tous les gris, une symphonie de gris : gris ardoise, et les gris-bleu et les gris perle selon les reflets changeants, les caresses du soleil, les jeux de l'ombre et de la lumière. Au rythme de ses gestes coulés d'huile, glisse, du col à l'arrière-train, un chant sans cesse différent. Dans ses yeux d'or, innocents et profonds, naviguent des planètes. Dans ses yeux d'or, on voit passer de stupéfiantes étincelles.

Elle a douze mois maintenant. Imprévue, brutale et douce, joyeuse, curieuse, obstinée. De la Cour du Roy est son patronyme, Udivine son prénom. Quand elle joue, elle miaule et ronronne dans le même élan. Ventre à l'air, elle attend la caresse, et lui répond souvent d'un bref coup de dent. Versatile, ondoyante, labile comme une rivière à caprices, comme l'eau d'un torrent. Un ami écrivain, féru d'écologie chrétienne, affirme que nos compagnons à quatre pattes seront à nos côtés au paradis. Je ne sais. Mais, à tout hasard, je réclame une petite place pour Udivine. Tout la prédestine : son ardeur à vivre, ses yeux de soleil, et jusqu'à son prénom.

## *Quand j'étais petit garçon...*

Quand j'étais petit garçon, mon grand-père cévenol m'emmenait au temple réformé. Là, pas de saints, de Vierges de plâtre, d'angelots blonds et frisés. Édifice consacré à Dieu. Point.

« Petit, ton arrière-arrière-grand-père prêchait dans nos montagnes, et il dormait au hasard des caches, la Bible comme oreiller. »

Il me contait l'épopée des camisards, la foi sans faille des pasteurs du désert. Austérité, rigueur, courage, jusqu'à la mort s'il le fallait. La force, la vertu de ces hommes qui allaient à Dieu, Père, Fils, Esprit, droit comme on va à la lumière, sans intermédiaire, ni détour, ni hochet. J'admirais.

Après les vacances de Pâques, dans l'église de mon village, je revoyais, à droite du maître-autel, une statue de la Vierge et l'Enfant. Sur les genoux de Marie, l'Enfant Jésus dormait. Alors mon cœur de petit garçon, mon cœur d'airain, se brisait...

## *Prénom Marie*

Elles étaient quatre au pied de la Croix, qui s'appelaient Marie...
Il y avait Marie Salomé, épouse de Zébédée ; vous savez bien, la mère de Jean et de Jacques le Majeur.
Il y avait Marie de Magdala, celle qui la première trouva le tombeau vide, et le cria sur les toits...
Il y avait Marie, épouse de Cléophas, que l'on appelle aussi Jacobé de la parentèle de Jésus.
Il y avait enfin Marie, la maman du Christ, la maman de Dieu.

J'ai toujours aimé ce prénom : Marie. Il commence par le premier son que l'on dit : « ma », comme maman. Il s'arrime à la force du « r », se prolonge en voyelle soleilleuse : « i », et s'achève sur l'ombre portée du « e » muet. Silence de feuille, bruit doux de la pluie. La symbolique des prénoms attribue à Marie une fleur : le lys, un animal : la colombe, et les vertus de pureté, de douceur, de grâce et de paix.

Ô Vous, la Vierge Marie, pente douce de l'Absolu, vous la rose mystique, la rose de Dieu, je ne me lasse pas de dire vos merveilles.

## *La fête Acathiste*

J'assiste, ébloui, à la fête Acathiste (du grec *a-kathizein*, «ne pas s'asseoir»), chez nos frères orthodoxes. Douze chants, que l'on vocalise debout en l'honneur de la mère de Dieu.
Imaginez l'or des chasubles, la barbe des popes, les icônes, et cette houle de voix magnifiques, qui s'élèvent, s'entrelacent, résonnent sous les voûtes, longtemps après s'être tues.

*Réjouis-toi*
*Nacelle de ceux qui cherchent le salut*
*Réjouis-toi*
*Refuge de ceux qui voguent dans la vie*
*Réjouis-toi*
*Épouse inépousée.*

Chant IX.

«Je suis conquis, émerveillé, dis-je à mon ami réformé.
– N'est-ce pas un peu… extravagant?», fait-il avec un mince sourire.
Un pope nous a entendus :
«Je préfère, dit-il, notre enthousiasme, notre générosité, à vos cérémonies austères!
– Austères? Voilà bien une stupide remarque!
– Je vous en prie, messieurs, dis-je, affolé.

– Oh ! vous, le papolâtre ! » font-ils à l'unisson.
Sur le parvis de l'église, nous nous regardons en chiens de faïence, et puis le rire l'emporte. Chacun, selon sa pente, honore Marie, suit le Christ, croit à l'Amour infini. Tous les trois, le flamboyant, le juste, et moi le fidèle, sommes des piétons d'absolu.

## *Prière pour ne pas manquer l'éternité*

Cet après-midi, je me suis attardé au milieu des vignes dégrappées... Le soleil d'octobre fait rougir la colline en milliers de feuilles orphelines. À ma droite, trois stères de bois attendent l'hiver. La cabane découpe vers l'est son ombre déchiquetée... En face de mon œil, un grain de raisin oublié, noir, luisant, lourd, lisse, sur le point de me parler :

« Tu viens bien tard me cueillir, moi qui croyais les vendanges terminées...
– Je suis un passant, dis-je, un rêveur, pas un vendangeur.
– On peut converser alors ?
– Si tu veux...
– Tel que tu me vois, je vais être le centenaire de mon cep. Je vivrai selon mes calculs jusqu'à mi-novembre !
– Belle longévité, dis-je, tu dois être heureux et fier !
– Oui, et non, je ne sais plus, je m'interroge, dit, pensif, le grain de raisin.
– Mais pourquoi ?
– Mes frères sont au pressoir, moi j'ai gagné quelques semaines de soleil et de vie sur la colline, mais je ne serai jamais vin. J'ai peut-être manqué l'éternité. »

Seigneur, que faudrait-il faire, à quel point nous transformer, pour ne pas manquer, nous non plus, l'éternité ?

## *Prière pour les vieux et les vieilles*

Pendant la première quinzaine du mois d'août 2003, en notre beau pays de France, périrent dans la chaudière de l'été beaucoup de vieux et de vieilles. Le gouvernement et le Président, les sénateurs, les députés et les Français ordinaires, saisis par la férocité vacancière, arrachaient leur part au gâteau du bonheur, en criant : «J'y ai droit moi aussi ! » ; et les vieux et les vieilles mouraient, abandonnés.

Chacun a droit au bonheur, nul ne le conteste. Mais le bonheur, ce peut être autrement, autre chose. Le simple fait de respirer, d'exister. La chance d'avoir par privilège un lit, une table, un ami. La possibilité de créer une tapisserie, un livre, un carré de choux. La fête d'aimer l'herbe qui sous le vent se penche, tout et rien, jusqu'au moindre nuage qui s'effiloche et s'évanouit au ciel gris. La joie de donner son temps, ses forces, un sourire, un peu d'eau à qui crève de chaleur et de soif à côté de soi.

Je prie ce matin, Seigneur, pour les vieux et les vieilles, et tous ceux qui, dans la fournaise de l'été, les oublièrent, les oublièrent…

# *Prière pour Tristan Corbière*

J'ai une passion pour un poète mal connu : Édouard Joachim (dit Tristan) Corbière. Il est né le 18 juillet 1845, mort le 1er mars 1875. De l'été au printemps, pas même trente ans. Un seul livre publié à compte d'auteur et tiré à cinq cents exemplaires : *Les Amours jaunes*. Ce n'est pas Victor Hugo, ni Vigny, ni Baudelaire, même pas Verlaine, mais c'est un poète délicieux. Ses contemporains l'admiraient. Léon Bloy, qui n'était pas tendre, le loue avec insistance dans un article du *Chat noir* et Huysmans, dans *À rebours*, en parle avec révérence. Verlaine en était fou ; je sais bien que Verlaine avait des amours innombrables... Quant à moi, je ne me lasse pas de sa musique singulière :

*Il fait noir, enfant, voleur d'étincelles*
*Il n'est plus de nuits, il n'est plus de jours*
*Dors, en attendant venir toutes celles*
*Qui disaient jamais ! Qui disaient toujours.*
[...]
*Dors, il pèse peu ton faix d'immortelles*
*Il fait noir, enfant, voleur d'étincelles*

Malade dès l'âge de quinze ans, il savait que son séjour parmi les hommes serait bref :

*Va vite, léger peigneur de comètes !*
*Les herbes au vent seront tes cheveux...*

*Ne fais pas le lourd, cercueil des poètes*
*Pour les croque-morts sont de simples jeux*
[...]
*Va vite, léger peigneur de comètes.*

Écrasé par l'ombre de son père, auteur consciencieux et honoré du *Négrier* et des *Élégies brésiliennes*, Tristan est ce feu follet de génie courant après ce peu de temps à vivre. Il meurt à vingt-neuf ans, pressant sur son cœur un bouquet de bruyères en fleur. Comme Schubert qui disparaît à trente et un ans, Tristan Corbière fait partie de ces morts si vite du XIXe siècle, rongés par la phtisie, ce sida de nos grands-parents. Mélancolie. Romantisme. Je prie pour eux, Seigneur, ces jeunes gens définitifs, qui vécurent le temps d'un éclat, d'un sourire. Et ma plus ardente prière est pour celui-là, qui souvent vous oublia, le poète « léger peigneur de comètes » : Tristan Corbière.

## *Dieu pour compagnon*

*Celui qui a Dieu pour compagnon*
*n'est jamais moins seul que lorsqu'il est seul.*
*Alors il jouit librement de sa joie.*
*Alors il est à lui-même pour jouir de Dieu en soi*
*Et de soi en Dieu.*

Guillaume de Saint-Thierry,
*Lettre d'or aux moines de Mont-Dieu.*

Quelle chance, quel bonheur, quel privilège, que ce compagnonnage ! Le rêve enfin abouti de tous les chercheurs d'Absolu. Cette douceur d'Amour sans blessure, « fievbres, ni remises »[1], sans fin, sans regret, sans mesure. J'ai rêvé de Dieu ainsi. J'en ai tant rêvé, et comme disaient les paysans du Moyen Âge, tant poussé de l'épaule, qu'enfin Noël viendra...

Que ce jour soit, où Noël vienne, et mon Dieu pour compagnon à côté de moi.

1. Montaigne, *Essais*.

# *Marie*

J'avais vingt ans, le nez insolent
Une chouette dégaine
Je prenais au bras du vent
Les choses humaines

Le sang, l'Amour
Les luttes, les jours
Je croyais vivre !
Fleur d'homme dans le vent
Qui s'éparpille.

L'âge, qui vous décoquebine...
L'âge me décoiffa, m'émoussa.
Et je devins à petits pas
Ce vieux aux bras de laine.

La Vierge du silence
Sur ma vie posait
Son chant de douceur
La Vierge tout ce temps m'attendait
Au bout du chemin
Tout est bien.

## *Un petit feu d'Amour*

*Si un petit feu d'Amour divin est déjà allumé en toi...*
*Ne l'expose pas au vent.*

Saint Charles Borromée
(1538-1584).

Hier, dans la prairie mouillée, j'ai allumé un feu d'herbes et de feuilles tombées. Il fallut apporter en hâte ici des feuilles sèches, là un tortillon de papier, et le feu sans cesse s'éteignait. Mais il couvait sous la pellicule de cendres ; on voyait une langue écarlate mordre le journal, les branchages, un plumet ; et puis s'alanguir, fumer un peu de fumée noire, et retomber. À la moindre brise un peu forte, couché.

Mon petit feu d'Amour pour Dieu, je sais bien comme il hésite, vacille. Cette flamme dans mon cœur, comme elle tremble, à la moindre brise, couchée. « Ô Clémente, ô Pieuse, ô Douce Vierge Marie », veillez, je vous en supplie, que les autans l'épargnent, afin qu'il ne s'éteigne jamais.
Amen. Qu'il en soit ainsi.

## *La Madone de Brugge*

Michelangelo Buonarroti, dit Michel-Ange, naît en 1475 à Caprese, en Toscane, et meurt à Rome en 1564, à quatre-vingt-neuf ans. Sculpteur, peintre, l'un des plus grands artistes, l'un des plus grands génies que l'humanité ait connus.

En 1506, Michel-Ange a trente et un ans. Il est à l'apogée de son art. En 1499, il a sculpté la magnifique *Pietà*, qui est aujourd'hui à l'église Saint-Pierre de Rome. En 1504, il a réalisé l'éblouissant *David*, que les contemporains enthousiastes ont dressé sur la place principale de Florence. Hommage inouï, qui ne s'était pas produit depuis mille ans. En 1506, pour répondre à une commande privée destinée à la très riche famille Piccolomini de Sienne, il sculpte la *Madone à l'Enfant*, que l'on peut admirer aujourd'hui dans l'église Notre-Dame de Bruges. Cette statue se trouve située hors des circuits touristiques classiques. Le peuple chrétien, les amoureux de Michel-Ange connaissent surtout la *Pietà*, les fresques de la chapelle Sixtine, ou le fascinant *David*. Je crois, pourtant, que le chef-d'œuvre absolu de Michel-Ange est la *Madone à l'Enfant*, la « Madone de Brugge ».

Imaginez une statue de 128 centimètres qui représente une Vierge assise dans une attitude gracieuse et pensive, l'Enfant Jésus accroché à sa jupe. Voilà le descriptif.

Mais, disant cela, je ne dis rien, à l'instar de ces professeurs de ma jeunesse qui décortiquaient un vers de Racine ou une strophe de Mallarmé. Je rencontrai la «Madone de Brugge» l'année de mes vingt ans. Je ne fus pas admiratif, je fus cueilli, ébloui, cloué de stupeur. Je sus, de connaissance immédiate, que je venais de me heurter à l'incroyable beauté, celle dont Valéry disait qu'elle émerveille et désespère à la fois. Celle qui ne vous lâchera plus et qui affadira toutes les autres splendeurs rencontrées dans une vie humaine. J'aimai d'un Amour indéracinable la Vierge Marie ainsi représentée et je connus par elle mon chemin d'Absolu. Une icône n'est qu'une icône. Mais la beauté, à ce degré insupportable, nous fait l'habiller d'éternité. Depuis cinquante ans et plus je prie la Vierge Marie, porté par l'élan que me donna ce jour-là, dans un transept obscur d'une église de Bruges, la *Madone à l'Enfant* de Michel-Ange.

## «*J'ai dit au Seigneur*»

En ce matin de mars, la neige recouvre encore ici et là le massif de la Grande-Chartreuse. Messe à l'abbaye. Le prieur vient d'ôter au futur moine la chape noire des novices. Il le revêt symboliquement de la grande cuculle blanche. Alors, devant la communauté rassemblée, le nouveau profès récite les premiers versets du Psaume 15 :

*J'ai dit au Seigneur, tu es mon Dieu,*
*Je n'ai pas d'autre bonheur que toi !*

La beauté, la profondeur de cet instant solennel, qui intervient pour les moines chartreux après sept longues années de noviciat. En prononçant les vœux définitifs, le jeune moine dit encore :

*Seigneur, tu es mon partage et ma coupe,*
*De toi dépend mon sort.*
*La part qui me revient fait ma joie.*
*C'est moi qui ai le plus bel héritage.*

Et pendant ce temps-là, Vincent, Paul et les autres, et de plus jeunes encore, rêvent de voyages aux îles heureuses, de mer bleue, de sable blond, et de siestes sous les cocotiers. Martin fantasme sur la demeure idéale; il imagine une gentilhommière de trente pièces, deux tourelles d'angle, un parc de cinquante hectares, un tennis, une piscine couverte, avec le «pool-house» de rigueur. Aimables songes. À genoux sur le carreau froid de la chapelle, en présence de tous ses frères, le nouveau moine chartreux, qui ne quittera plus jamais la cellule et son jardin clos de hauts murs, redit les paroles du psaume :

*J'ai dit au Seigneur, tu es mon Dieu*
*Je n'aurai d'autre bonheur que toi.*

Des jeunes gens de son âge vont franchir à la nage la mer des Sargasses... traverser à la rame l'océan Pacifique, aller en traîneau à chiens jusqu'au pôle Nord, s'envoler pour la Lune, ou la planète Mars. Le novice de vingt-huit ans, qui se prosterne en ce moment dans la chapelle de la Grande-Chartreuse, répète les paroles saintes :

*Seigneur, tu es mon partage et ma coupe,*
*De toi dépend mon sort*
*Et c'est moi qui ai le plus bel héritage.*

Pas d'autre ambition, pas d'autre horizon. Pour la vie tout entière : «J'ai dit au Seigneur... je n'aurai d'autre bonheur que toi ! »

SILENCE...

# « *Comme une biche se penche…* »

*Comme une biche se penche*
*Sur des cours d'eau*
*Ainsi mon âme se penche*
*Vers toi, mon Dieu.*

Psaume 42.

Ainsi chantaient et priaient les portiers du Temple, les « fils de Coré ». Ainsi, Vous, la Très Sainte Vierge Marie, vous vous penchiez sur l'enfance de Dieu. Le bébé vagissant dans la paille de Bethléem, et plus tard à Nazareth, le petit garçon aux yeux noirs et profonds, à qui vous serviez, selon la coutume, la soupe de fèves et le pain sans levain…

Ô Marie, penchez-vous aussi sur mon cœur d'homme, mon cœur vagabond, comme la biche sur le cours fuyant de l'eau. Amen, qu'il en soit ainsi.

## *Prière pour les gens ordinaires*

Si vous n'êtes ni riche ni pauvre, mais dans l'entre-deux, vous n'êtes pas chanceux. Les riches sont à l'abri, ils contemplent derrière leurs mâchicoulis la tourbe populaire. De l'autre côté, les miséreux, les sans-papiers, les « traîne-cul, les housettes », on les cajole, au moins en paroles ! L'Église et nos curés n'ont que le mot « pauvre » à la bouche. C'est à la mode, et c'est dans l'Évangile, alors... Mais on a l'impression, parfois, que les entre-deux, les gens ordinaires, ils ne les aiment que par défaut, par surcroît.

Si vous n'êtes ni riche ni pauvre, si vous ne faites pas partie d'une coterie, si vous n'êtes pas un ancien de l'Essec ou de l'Ena, le cousin d'un chanteur célèbre, un assassin repenti, si vous n'êtes pas un « drolle », un galant, un « estaffier mordant », si vous n'êtes rien qu'un Français banal et falot, il n'est pas certain que le Seigneur vous connaisse... Je plaisante évidemment. Mais enfin, il ne serait pas inutile que, dans les Églises officielles, on dise de temps en temps une prière singulière pour vous, pour moi, pour nous, les gens ordinaires.

# *Notre Dame Marie*

*Dame du ciel, régente terrienne*
*Emperière des infernaux palus...*

Villon.
*Ballade pour prier Notre Dame.*

Quel que soit le nom qu'on lui donne, je veux « nommer » la Vierge Marie.

« Tu n'existais pas avant que je te nomme », disait le philosophe Hegel à ses étudiants de l'université d'Iéna. Pour qu'un événement, une idée, un personnage accède à l'existence, se dégage des brumes limbiques de la pensée, il convient qu'il soit nommé. Ainsi la Vierge Marie. Si notre beau pays de France compte deux cent mille bouddhistes, six cent mille israélites, six millions de musulmans, sans oublier quelques douzaines de croyants farfelus, nous sommes encore trente millions de chrétiens. Mais nous avons oublié la foi de nos ancêtres, nous la refusons, nous la nions et, presque, nous en avons honte. Dieu passe encore, il nous est à tous commun, le Christ à la rigueur, révolutionnaire, et tout ensemble modèle victimaire, bien dans l'air du temps. Mais la Vierge Marie est obsolète. En plus, elle n'est plus « nommée ». Alors, selon mes forces et ma voix, aussi longtemps que je vivrai, je parlerai, j'écrirai, je la convierai à l'existence, Notre Dame Marie, et sans répit, ni trêve, ni laisse, je la NOMMERAI.

## *Encore un livre chrétien !*

« Pourquoi t'obstiner ainsi ? C'est ton septième ou huitième livre de prières insolites, ferventes, graves ou légères, et personne ou presque ne les lit[1] ! »

Je médite les paroles de ma fille. Elle a raison. Les livres chrétiens sont presque tous victimes de l'indifférence ou du mépris. Dernièrement, après un modeste succès de librairie obtenu par l'un de mes livres profanes, je signalai timidement à un journal chrétien le mince ouvrage consacré au Seigneur que je venais de publier. J'avais mis dans ce travail tout ce que je savais de l'écriture, toute mon ardeur, tout ce que l'on m'accordait de talent. Il me répondit, agacé :
« Si vous croyez que nous avons le temps et la place de parler de livres chrétiens !
– Mais cependant...
– Cher monsieur, les chrétiens d'aujourd'hui épousent leur siècle. Ils ne se confinent pas aux livres de sacristie ! »
Je raccrochai le téléphone, découragé. Mes oreilles tintaient encore de son rire moqueur et léger. Un livre chrétien... quelle idée farfelue ! Je me confiai à un saint moine, que je respecte, mon ami et mon conseiller spirituel.
« Vos livres profanes sont appréciés et lus, ils sont aussi utiles, je vous l'assure, que vos livres chrétiens ! »

1. Montaigne, *Essais.*

J'aurais dû être convaincu, et me voici encore la plume à la main, chantant la gloire de mon Dieu ! Pourquoi, mais pourquoi ? Je cherchai une réponse, et je la trouvai en feuilletant la Bible :

*Ils sont nombreux à dire : « Qui me fera voir le bonheur ? »*
[...]
*Seigneur, tu m'as mis plus de joie dans le cœur qu'au temps où abondaient le blé et le vin.*
*Totalement comblé, je me couche et je m'endors*
*Car toi seul, Seigneur, me fais demeurer dans la paix.*

Psaume 4 de David.

J'écris des livres chrétiens, parce que le Seigneur me donne la paix. J'ai rencontré sur ce chemin une petite porte oubliée du bonheur.

## *L'araignée tarentule*

« Cesse de t'agiter en tous sens, disait maman. On te dirait piqué de la tarentule ! »

« Henri a la tarentule, la tarentule... », répétait ma petite sœur.

Quand j'eus dix ans, et que j'entrai en classe de sixième, un gros dictionnaire, le premier que je rencontrai, m'enseigna tous les secrets de la tarentule. Dans la région des Pouilles, en Italie, s'épanouit au bord du golfe homonyme la belle ville de Tarente (230 000 habitants). C'est là que naît et prospère une grosse araignée venimeuse, dont la singularité est d'induire, en vous piquant, un état anormal d'excitation et de fébrilité.

Il y a longtemps que je n'ai plus dix ans. Le mot tarentule m'est resté. Il fait partie de ce patois d'enfance qui vous tient à la moelle des os, et dont on ne guérit jamais tout à fait. Il m'arrive parfois de m'interroger, quand je viens, je vais, en quête d'un travail, d'un Amour, d'un voyage, d'un objet, d'une idée :

« Aurais-tu encore la tarentule ? »

Hélas ! nous souffrons tous de cette maladie étrange. Nous ne pouvons rester en place, au repos dans nos souliers.

Nous courons les uns, les autres, après la queue du diable, et le faisons dans notre tête, quand l'âge ou la maladie nous empêchent de le faire en vérité. Pourquoi, pourquoi ? Mais pour oublier. Oublier l'angoisse d'être homme, cet animal posé entre deux abîmes, et qui le sait. Il n'y a dans nos vies, à part les courtes incandescences d'un ou deux jours du bel été, que Dieu et son amour pour nous guérir de la tarentule, et nos cœurs un peu apaiser.

# *Jean-Paul II*

Karol Wojtyla, Jean-Paul II, ce pape solide comme une montagne, qui apparut en 1978 à la fin d'un siècle épuisé. Le pape pèlerin, qui embrassa la terre de quatre-vingts pays. Le pape qui entra le premier, depuis le XIIe siècle, dans la grande mosquée des Omeyyades, et salua nos frères musulmans. Le pape de l'œcuménisme d'Assise, et qui s'inclina devant le mur des Lamentations à Jérusalem. Le pape de la juste repentance et de l'hommage à Galilée. Le pape qui enjamba le siècle, gardien de la foi de nos pères. Le pape au long règne, qui reçut une balle dans le ventre de la part d'un exalté, et qui embrassa dans sa prison celui qui la lui envoya. Le pape qui, d'un coup d'épaule, déstabilisa le communisme. Le pape défenseur des droits de l'homme et de la liberté. Le pape de l'amour marial, qui vint à Lourdes malade parmi les malades avec grande ferveur, avec humilité.

Jean-Paul II, l'un de ces hommes à travers les âges dont Baudelaire disait qu'ils sont les « phares de l'humanité ».

## *Une prière pour s'aimer*

Voici une prière insolite, une prière dont la visée est de nouer alliance avec soi. Une prière pour s'aimer... J'en vois parmi ceux qui me lisent qui hochent la tête et se repentent d'avoir acheté mon ouvrage. S'aimer ? La belle malice ! Mais nous ne faisons que cela ! Eh bien, ce n'est pas vrai. Nous ne nous aimons pas. Rien au monde n'est plus sot et dangereux que ce désamour. Si nous n'avons pas de tendresse, de soin, d'amour pour nous, toute espérance est close, et le chemin fini. Autant poser le sac et rester à l'auberge. Si nous ne nous aimons pas, nous allons générer le malheur sur nos pas. Quant à Dieu, peut-on aimer le Créateur et détester sa créature ?

L'illusion commune est de croire que nous nous aimons à l'excès. Il est certain que l'égoïsme fleurit dans nos sociétés. J'écris ces lignes au mois d'août et je suis ébahi, sidéré, et même ébouriffé, voire « épastrouillé » par l'universelle « férocité » vacancière. Des zones entières sont vouées au désert. « Ils » se sont tous entendus pour partir au mois d'août, au cri relayé par mille porte-voix : « J'y ai droit, moi aussi ! » Mais ce n'est pas cet amour-là que je nomme l'« Amour de soi ». Croyant « nous » aimer, nous adulons seulement notre plaisir immédiat, notre gueule, notre sexe ou notre peau. Nous ne « nous » aimons pas.

Quel est donc cet amour que je prône, et ce «nous» dont je parle? Les Orientaux le nomment : «Précieux essentiel», le «moyeu de la roue», ou la «Maison du Soi»; les chrétiens l'appellent l'«âme». Peu importent les mots. Dieu «nous» aime tous : les maigres et les gros, les beaux, les laids, les gentils, les salauds. Dieu «nous» aime avec entêtement. Qui sommes-nous pour avoir plus fine bouche que lui?

## *La litanie des saints*

*Nous ne sommes... que branle et inconstance. Nous ne voulons rien... absolument, constamment.*

Montaigne,
*Essais.*

Le rituel de l'Église comprend :
– la litanie du Sacré-Cœur ;
– la litanie du Saint Nom de Jésus ;
– la litanie des quarante heures ;
– la litanie de saint Joseph ;
– la litanie de la Vierge Marie ;
– et la litanie des saints.

Saint Pierre : priez pour nous.
Saint Paul : priez pour nous.
Saint André : priez pour nous.
Saint Jacques : priez pour nous.
Tous les saints apôtres et évangélistes : priez pour nous.
Tous les saints disciples du Seigneur . priez pour nous.
Saint Étienne : priez pour nous.
Etc.

Longue suite récitée ou chantée. Voix alternées du célébrant et de l'assemblée des fidèles. Battements de cœur de la liturgie. Enchaînement régulier des appels et des réponses. « Les litanies ». Chant monotone et profond, tenace mélopée au souffle lent de la prière, qui peu à peu dispose nos cœurs et nos âmes à l'accueil de l'amour.

## *Évangile pour Nicodème*

Notable d'Israël, membre écouté du sanhédrin[1], pharisien de grande culture, Nicodème est un homme important, un « homme de poids », comme disait Michel Audiard. Ce soir-là, il est venu sur la grande place de Jérusalem entendre le prophète de Nazareth, ce Jésus dont toute la ville parle. La nuit est tombée, la foule s'est dispersée. Nicodème est resté. Enfin il se décide et s'approche de Jésus :

« Rabbi, dit-il avec déférence, nous savons que tu es un maître, et que tu viens de la part de Dieu, car personne ne peut opérer les signes que tu fais si Dieu n'est pas avec lui. »

Chacun dans l'entourage de Jésus attend une réponse en forme de parabole. Mais cette fois la parole du Maître prend un tour mystérieux :

« En vérité, en vérité, je te le dis, à moins de naître d'en haut, nul ne peut voir le Royaume de Dieu. »

Si quelque apôtre traîne encore dans les parages, il doit avoir l'air ahuri de celui qui ne comprend plus rien au langage de son maître. Qu'est-ce que cette « naissance d'en haut » dont Jésus ne leur a jamais parlé…

Nicodème interroge avec calme :

« Comment un homme pourrait-il naître s'il est vieux ? Pourrait-il entrer une seconde fois dans le sein de sa mère et naître ? »

---

1 Sanhédrin : assemblée de soixabte et onze membres qui siègeait dans le Temple et régissait les affaires du peuple d'Israël.

Et Jésus répond :
« En vérité, en vérité, je te le dis : nul s'il ne naît d'eau et d'esprit ne peut entrer dans le Royaume de Dieu. Ce qui est né de la chair est chair, ce qui est né de l'Esprit est esprit. »
Voici que se déroule sous nos yeux une scène capitale. « L'entretien avec Nicodème » est l'un des moments clés de l'enseignement du Christ. C'est l'« évangile du passage ». Jésus abandonne pour une fois les images, les paraboles, même les miracles ; il nous situe sans fuite possible face à l'Absolu. Instant critique, bien connu des instituteurs. On a montré longuement le mécanisme de la soustraction, de la division, on s'est servi de gâteaux, de billes, de caramels, et puis un jour, avec des signes et des chiffres, arrivent les premières opérations mathématiques. Moment solennel : « Voici, écrivait Alain, que le petit d'homme va entrer par ces signes dans la communauté de culture, dans la véritable communauté humaine. »
« Il va te falloir naître une seconde fois, dit Jésus à Nicodème. Naître non de la chair, mais d'eau et d'Esprit.
« Il va te falloir passer le pont, changer d'ordre. On t'a appris que Dieu était le Tout-Puissant, le Dieu d'Abraham et de Jacob, et moi je te dis qu'il est aussi le Tout autre, l'Inconcevable infini, l'au-delà de l'au-delà, du par-delà… »
J'ai sous les yeux, au moment où j'écris ces lignes, un petit livre de catéchèse. On explique aux enfants l'évangile de Nicodème en montrant le passage de la nuit à la lumière, des ténèbres au soleil. Ô Seigneur, accorde-moi la grâce de savoir abandonner un jour les gâteaux et les billes, la religion des caramels, pour entrer droit et nu dans ta lumière.

## *Prières sans importance*

Les choses ténues, des petits riens habillent nos vies. Un reflet de soleil sur ta main, une hirondelle coupant l'air froid du matin, une cloche qui tinte au loin... Broutilles. Un sourire qui m'accoise[1] l'âme; un mot aigre-doux et me voici un peu chagrin... Vétilles.

Parlez-moi plutôt de grands événements: mariages, deuils, naissances, et ces amours qui tant nous déchirèrent, ces décisions capitales, ces instants graves, où nos vies changèrent d'aiguillage. Épisodes de poids, repères d'importance. Je crus longtemps que cela resterait au fond du tamis. J'aborde aujourd'hui aux rives de vieillesse, et je sais qu'en réalité les infimes détails tissés au long des jours, ces « menuailles », sont l'essentiel d'une vie.

Et quand Dieu me pèsera sur ses balances éternelles, dites-moi, que retiendra-t-il? Mariages, deuils, naissances, belles cérémonies, ou ces prières semées à la volée, cailloux le long du chemin de mon existence, ces brefs élans d'Amour, que je croyais sans importance?

1 Vieux mot qui signfie rendre coi et, par extension, calmer apaiser, tranquilliser.

## « *Heureux les doux...* »

Matthieu, V, 4.

En cette fin de septembre, il fait doux. Le temps qui avait mis sa redingote et ses mitaines a ressorti pantalons blancs et robes légères. Il fait doux. Le temps est à la crème, fleurette ou Chantilly. La pluie se fait caresse. La barbe de mon voisin, sa barbe de Lucifer, qui sans répit agresse le gouvernement, les journaux, le temps qu'il fait, baisse sa pointe. Son poil frisotte de tendresse. Il fait doux.

Dans le bois les châtaigniers s'égouttent à petit bruit. Manteau ouvert, j'offre ma gorge au vent, au vent qui traîne des suavités inouïes. Il fait doux. Je rentre les griffes, mon insolence aussi. Ce matin j'offrirai à mes contemporains de septembre, dans les journaux où je sévis, des phrases affables et quiètes, des phrases duvetées d'indulgence et de pluie. J'en voulais au boulanger qui m'a vendu du pain trop cuit. Un ami m'a dit des choses intolérables, que je n'attendais pas de lui. Je rage, je me fâche, je vomis ma bile... et puis, et puis il fait si doux en ce mois de septembre, ma colère s'enfuit avec la pluie...

« Heureux les doux, dit le Seigneur, ils auront la Terre (promise) en partage, le Royaume en héritage. » Ce mois si doux de septembre n'est peut-être que l'estafette, l'avant-coureur de l'Amour infini.

## *Prière pour un « loser »*

Le « looser », le perdant, est un personnage récurrent du roman noir américain. C'est le héros inversé, que sa fascination pour l'échec mène de dérives en déboires. Nous avons tous connu la tentation du « loser », le pauvre type que l'on console, bien au chaud dans ses vomissures et ses défaites. Retrouver à l'âge d'homme le berceau amniotique, baigner dans la pitié de soi, avoir pour alibi l'alcool, la drogue, ou le dernier coup de pied au cul de la vie. Cela ne va pas sans douceur, sans une délicieuse ignominie. Même les chrétiens s'y laissent enjôler. On aime le « loser », on s'apitoie. Mais au lieu de le sauver, ce comportement le noie.

« Il y a un vaincu qui se cache en chacun de nous, toujours en train de geindre et de pleurnicher, et il faut apprendre à lui fermer son clapet », écrit Walter S. Terris dans son roman *L'Arnaqueur*. Cette phrase pittoresque est à méditer.

Ma « prière pour un loser » n'accompagnera pas de violons sa chanson gémissante. Foin de la tristesse ; ne sommes-nous pas, nous, chrétiens, les messagers de la Bonne Nouvelle, les courriers de l'Espérance, des tambours de Joie ?

## *Antienne*

L'antienne est une courte invocation placée au début ou à la fin d'un psaume ou d'un cantique, parfois aussi entre deux versets. Aucune prière n'a la force d'émotion des vieilles antiennes. Le poids de tant de générations qui, avant nous, supplièrent et louèrent, nous entraîne et nous plie dans cette grande vague des hommes qui, le long des siècles, se jetèrent aux genoux du Christ et de Marie.

À titre d'exemple, voici une antienne de la Vierge, la plus ancienne connue, qui date probablement du IIIe siècle. Elle servit de référence pour définir avec clarté et solidité le culte marial au concile d'Éphèse en 431.

*Sub Tuum Praesidium*

*Sub tuum confugimus sancta Dei genitrix. Nostras de precationes ne despicias in necessitatibus, sed a periculis cunctis libera nos semper virgo gloriosa et benedicta.*

« Sous ta protection nous nous réfugions, Sainte Mère de Dieu. Ne repousse pas nos supplications aux heures difficiles, et délivre-nous de tous les dangers. Ô toi, bénie et Vierge dans l'éternité. »

## *Un diable de curé*

Au bel été de mon âge, je connus un curé qui ne savait parler que d'amour.
Quel que soit l'évangile dominical, le sermon portait sur l'amour ! J'étais alors un jeune proviseur de lycée, fier de son importance, et je jugeais avec sévérité cette douce manie. Comment peut-on, marmonnais-je, en bonne logique, déduire de la parabole de « l'intendant infidèle », par exemple, ou du « figuier stérile », une tirade sur l'amour !

Un dimanche d'hiver, la liturgie obligea notre curé à lire le passage de Matthieu (XXIII, 13, 33) :

*Malheureux êtes-vous, scribes et pharisiens hypocrites, vous qui barrez aux hommes l'entrée du royaume des cieux... Serpents, engeance de vipères, comment pourriez-vous échapper au châtiment de la géhenne ?*

Je jubilais. Cette fois, me dis-je, il est coincé : pas question d'amour dans cette volée de bois vert !

« Le Seigneur, commença-t-il, adresse ici de durs reproches aux scribes et aux pharisiens...
– Hé, hé ! ricanai-je. Je le tiens à la gargoulette le bon apôtre...

– Mais, reprit notre diable de curé d'une voix benoîte, c'est pour mieux les inviter à croire à l'amour qui dépasse la loi, l'amour de Dieu, qui excuse tout, pardonne tout ! »
Cette fois, je rendis mon tablier. J'éteignis mon petit lumignon d'intellectuel contestataire, et je crus sans plus de chicane à l'Amour du Seigneur.

## *« Goûte la vie avec la femme que tu aimes... »*

*Mange avec joie ton pain, et bois de bon cœur ton vin...*
*Goûte la vie avec la femme que tu aimes*
*pendant tes jours de vanité.*

Ces mots de l'Ecclésiaste me furent longtemps une sorte de scandale. Chrétien de vieille cuvée, je ne retenais de ma foi que la peur de l'hédonisme. Malveillant à l'égard de moi-même, chiche en douceur, j'avais honte du plaisir. J'étais injuste avec la nature, et montrai peu de reconnaissance au Dieu qui la créa. Il est bel et bon pourtant d'assumer jouissances, agréments et blandices. Je ne parle pas de s'y vautrer, de s'y noyer, mais d'apprécier ces « petits plaisirs si vifs et qui ne coûtent rien »[1] ... Quand on s'éveille le matin et que le corps nous est rendu, s'attarder avec les délices aux bordures du sommeil. Pendant un repas, si d'aventure, comme le décrivait le proconsul Varron[2], «... Il y a personnes belles de présence et agréables de conversation, ni muettes, ni bavardes, délicatesse des vivres, et de temps serein... », pourquoi ferait-on la grimace? « Il faut savoir jouir loyalement de son être », conseillait Montaigne.

1. Alain : philosophe français (1868-1951). *Propos sur le bonheur.*
2. Varron : érudit latin (116-27 av. J.-C.), auteur de nombreux ouvrages.

Oh ! Seigneur, que je sache accepter la vie, bonne à mâcher, tendre à goûter, et cruelle parfois, amère souvent, telle qu'elle est. Qui refuse le plaisir n'assumera pas le déplaisir. Il fera semblant de vivre, semblant de croire, et semblant de Vous aimer.

## *Avez-vous lu Baruch ?*

*Avez-vous lu Baruch ? C'est un beau génie !*

s'exclamait Jean de La Fontaine. Son ami Racine l'avait entraîné un après-midi de vendredi saint à l'office des Ténèbres, et le texte psalmodié du prophète biblique l'avait enthousiasmé. Qui était Baruch, le fils de Nérias, de Maseas, de Sédécias, Hasadias, Helkias... disciple du prophète Jérémie ? Ou un inconnu empruntant son nom ? Ce qui demeure, c'est la qualité du texte, l'un des plus beaux de l'Ancien Testament.
Je lus Baruch assez tard dans ma vie. Une phrase m'enchanta :

*Jérusalem, Jérusalem, quitte ta robe de tristesse,*
*revêts ta parure de fête*
*à la gloire de ton Dieu !*

Qu'est-ce qui me séduisit ? Sait-on pourquoi des mots liés entre eux comme une guirlande nous touchent au cœur ? Est-ce la « robe de tristesse » qui me rappela, venues du pays de mon enfance, ces femmes en robe noire, ces veuves de la guerre 1914-1918, corneilles qui veillèrent sur moi, et tant m'aimèrent ? Le livre de Baruch est une exhortation destinée aux Hébreux en exil à Babylone. Ce sont des pages qui invitent au courage, à l'espérance :
« Ton Dieu se souvient de toi, Jérusalem, et ne t'abandonnera pas. » Cette leçon vaut pour nous. Aux

heures de déréliction, relisons Baruch. Dieu nous aime, il nous délivrera de nos ennemis, et nous gardera des périls. Et nous quitterons la « robe de tristesse », et nous ferons au Seigneur l'offrande de la confiance, le cadeau de notre joie.

Ainsi... soit-il !

## *Qui es-tu, vieil homme ?*

Récemment, j'ai acheté un appareil photo numérique. La technique, en ce commencement du siècle, réalise des merveilles. Sur le petit écran de contrôle, le monde s'anime, s'illumine. J'en cueille partout, des fragments, des éclats, des gringuenaudes, comme disaient nos anciens. Ma voracité n'a pas de limites. Je suis enthousiaste comme un enfant. Tenir ainsi le paysage dans sa main, capter les arbres, les maisons et les figures humaines !

J'ai prêté ce merveilleux jouet à mon petit-fils. Il en a vite compris le fonctionnement.
« Pépé, je te prends aussi ?
– Photographie ce que tu veux ; on peut effacer après ! »

Il a photographié là et ici pendant une heure. Le soir venu, il est parti. Les photos sont restées. Ce matin, je les ai distraitement regardées. Il y avait de tout : la chatte grise aux yeux d'or, et une espèce de vieux bonhomme, qui agite ses grands bras en parlant, debout, assis, penché... Pendant un éclair du temps, j'ai demandé au ciel, aux nuages indifférents : « Mais qui est ce vieil homme ? »
C'est moi. Oui, ces cheveux gris, ces yeux qui ne sont plus que fentes au pays plissé des rides, c'est moi ! Ce corps maigre et fragile que l'âge abîme... c'est moi ! Ce mouvement disgracieux des mains qui s'agitent, s'expliquent, c'est moi...

« Tu ne le savais pas ?
– Non, pas avec cette force, cette évidence. Je ne le savais pas. On ne le sait jamais tout à fait. Un coin de soi a toujours vingt ans, disons quarante, cinquante, et même soixante, bref un âge encore décent. Mais soixante-seize ans ! »

« Qui es-tu, vieil homme ? »

Seigneur, vous serez le seul à qui je répondrai tout bas. Je suis, mon Dieu, ce corps qui se défait, cette terre arasée, ce rosier fané. Je ne suis plus rien qui compte aux yeux des hommes, et je vacille déjà dans le vent qui m'emportera. Seigneur, je me tourne vers Vous, qui prenez soin du lys et de l'herbe des champs, vous qui savez le destin des vivants…

« Qui es-tu, vieil homme ?
– Ce roseau tremblant, à qui vous promîtes de vivre éternellement. »

*Lorsque Rimbaud fut parti, eut tourné son dos maçonné aux activités littéraires.*

René Char.

Ce jour-là, il ne resta plus que :

## *La langue de bois*

Connaissez-vous la langue de bois? La musique en est familière; on l'entend, mais on ne l'écoute pas. On l'entend, mais on n'y croit pas : tara, tata, ta ta!

Le chômage, affirme l'homme politique, sera, dans trois mois, six au plus, éradiqué, le trou de la Sécu comblé, la canicule effacée, la couche d'ozone retricotée, et toutes les inégalités rabotées. Faites-moi confiance, il n'y a pas plus honnête que moi. Je n'ai jamais trempé dans une affaire louche. Je suis transparent comme l'eau de la source... tara, tata, ta ta! Et ma villa? Permettez, elle n'a coûté que trois petits millions d'euros, ce qui est bien modeste comparé au prix d'un footballeur! D'ailleurs, je l'ai entièrement payée avec mes fonds propres, de l'argent gagné à la sueur de mon front. Oui, monsieur! Je n'ai à rougir de rien, je tiens tous mes comptes ouverts au public. Je suis serein, très serein, tara, tata, ta ta!

La langue de bois m'amuse, sauf quand il s'agit de ma foi. C'est peut-être à cause du Christ qui disait : «Je suis la Vérité...» Vous vous souvenez. Mais comment éviter la langue de bois, depuis que Rimbaud, le poète absolu, n'est plus là? Les moines cartusiens appliquent une solution radicale. Le silence.

«La rencontre de l'âme avec Dieu se tient au-delà de tout discours, dans un simple échange de regards, langage d'Amour, qui n'est autre que le langage de l'éternité.»
Ainsi meurt la langue de bois.
Tara, tata
Ta
Ta
...

## *Au bord du Jourdain*

*Dans l'eau de cette rivière*
*Traînent encore*
*Les regards de Jésus, et de Simon Pierre...*

Le Jourdain : du mont Hermon, en passant par le lac Houlé et le lac de Tibériade, jusqu'à la mer Morte : 392 kilomètres. Jourdain, le fleuve où Jésus fut baptisé, et sur ses rives les apôtres, l'un après l'autre, pêchés. Simon, appelé Pierre, et André son frère, et Jacques et Jean, fils de Zébédée...

Tout s'est joué, la mission de Jésus, fils du Très-Haut, cet extraordinaire moment de l'histoire humaine, où Dieu l'Inconcevable, le Tout-Autre, parla, mangea, dormit, pria... vécut au milieu de nous, partagea notre tendre chair mortelle. Tout se passa, que l'on en parte, que l'on y revienne, que l'on y pêche, que l'on y marche ou que l'on s'y noie, presque... Toute la noria chrétienne dans ce petit coin de la Terre, au bord de ce fleuve sacré.

*Ô mon Dieu, les eaux du Jourdain, se souviennent*
*Des regards de Jésus, de Simon Pierre*
*Et de Jacques et Jean, fils de Zébédée...*

## *France Quéré*
## *1936-1995*

Je vais encore une fois parler d'elle. Docteur en théologie, exégète de la Bible, écrivain, membre du Comité national d'éthique, admirable conférencière : France Quéré. Je la connaissais si peu et si bien, et tout mon savoir d'elle après dix années est encore brouillé de chagrin.

Les deux premiers mots qu'elle m'adressa la dépeignaient d'un trait. C'était en 1988 ; je venais de prendre ma retraite. Je faisais mes premiers essais d'« écrivaillon » chrétien.

« Pourquoi moi ? » disait-elle.

Deux mots. Sans plus. Brefs, incisifs à sa manière, brutale, simple, honnête. Je lui répondis longuement. Je l'admirais. J'étais amoureux de sa prose claire, ferme, d'une justesse de scalpel, avec ce quelque chose de mélodieux qui me séduisait. Je ne savais même pas qu'elle était protestante. Elle m'apprit tant de choses, et surtout le respect. De tradition catholique, à cause d'elle je fus de suite ardent œcuméniste. Je me souviens de sa première critique.

« Votre style, me disait-elle, a la fraîcheur d'une source bondissante. »

Elle m'acceptait moi, et mes ignorances, et ma prétention, et mes excès. Quand elle me frottait les oreilles, c'était avec franchise et bienveillance, sans se départir jamais de ce respect qu'elle offrait à chacun.

Je ne l'ai jamais rencontrée. Je la connus trop peu d'années. Mais elle était pour moi, pour des milliers qui la lisaient, qui l'écoutaient, un feu allumé dans la plaine, une lumière dans la nuit. Nous, les chrétiens de toutes obédiences : catholiques, réformés, orthodoxes, uniates, maronites ou vieux-croyants, qu'une même prière fervente nous rassemble pour honorer la mémoire de France Quéré !

## *Information insolite*

*« Le frère de Pétrarque (1304-1374) était moine chartreux au couvent de Montrieux (près de Toulon), et ce ne fut pas Laure qu'il chanta. Mais Dieu ! »*

et

## *Prière insolite*

Seigneur, je t'en conjure,
N'écoute pas mes supplications étourdies,
Mes requêtes imprudentes.

Seigneur, je te le dis,
N'exauce pas mes prières injustes…

Mais, Seigneur, accorde-moi
Plus que je n'ose te demander :
Que ma vie soit
Une longue histoire d'Amour avec
Toi.

## *La leçon de la grenouille*

*La foi n'est pas seulement un mode de connaître...*
*elle engage le fond de l'être. Elle l'oriente tout entier.*

Henri de Lubac,
*La Foi chrétienne.*

Elle devait être cachée sous le lierre, qui tresse étroit la margelle. Plouf ! La grenouille a sauté dans le bassin. Rides sur l'eau, qui s'effacent. Deux poissons rouges s'éloignent paisiblement, de leur nage de sénateur.

« Chloé, tu as vu la grenouille ?
– Non, j'ai entendu un plouf !
– C'était une grenouille ! affirmé-je.
– Pépé, comment le sais-tu ?
– J'ai aperçu un éclair verdâtre, ce ne pouvait être qu'une grenouille, probablement la *Rana esculenta*, espèce commune sous nos climats.
– Mais tu ne l'as pas vue ! » s'obstine ma petite-fille.

Elle a raison, je ne l'ai pas « vue » au sens strict du verbe. Mais je suis sûr que c'en était une, comme je suis certain que cet élan d'Amour, cet éclair de tendresse qui ensoleille ma prière, vient du Seigneur mon Dieu. Appelez cela raison, expérience ou foi. Je n'ai pas vu la grenouille, et pourtant, j'y CROIS.

## *Première communion*

*Mais à vrai dire, c'est chaque visage d'homme, de femme, d'enfant, qui peut devenir dans la foi, l'icône de Dieu.*

*Nouvelle encyclopédie catholique*, 1989, Droguet-Ardant.

C'était en 1938. J'avais dix ans, et je faisais ce jour-là ma première communion. J'étais plein de confiance, ivre de Dieu et innocent. Brouillon de l'enfance, qui annonce parfois une vie. Je suis parvenu aujourd'hui à l'autre bout de l'existence. « Le cercle se ferme », disait Colette, et l'on redevient ce que l'on fut. J'étais un enfant inquiet et tendre. Dans ma belle quarantaine, je me crus sans états d'âme. Je me leurrais. Je traversais seulement une courbe, un méandre, et la rivière près de sa source est revenue.

Mes parents avaient réservé une salle au grand restaurant de Blois : *La Gerbe d'Or*. J'étais le héros de la fête. Il y avait là toute la bande des Parisiens. Mon parrain Jean, violoniste aux concerts « Lamoureux » ; la cousine Renée, cheftaine scoute ; le cousin Jacques, avec sa belle décapotable rouge ; Jacques le boute-en-train, qui devait mourir deux ans plus tard, tué par une balle

Mauser, alors qu'il cherchait à s'échapper d'un convoi de prisonniers. Il y avait ma marraine, la sœur de papa, une infirmière à lunettes, et son grand fils un peu voyou, et tant d'autres de la parentèle, vieilles gens vêtus de noir, comme on l'était en ce temps-là. Les images se brouillent dans ma mémoire. Il y avait aussi une starlette, qui devait tourner un film avec Jean le musicien. C'était une jeune femme magnifique. Elle passait souvent près de moi et sa présence, bizarrement, me gênait. Les regards attendris, qui se posaient un instant sur le premier communiant, vacillaient soudain, et se chargeaient d'un trouble mystère.

Bientôt la joyeuse bande des Parisiens fit tout le bruit, et la loi : Christian, Renée, les cousins de Charenton, Pierre, Denise, Philippe, Odette et son fiancé, le bel officier de marine, Jacques enfin, si blond, si hardi. Clo, ma petite sœur, mangeait en silence, effrayée peut-être. Moi, j'étais encore plein de l'émerveillement de Dieu. Mais une sorte de malaise me gagnait peu à peu dans ce tintamarre païen. La belle Solange, la radieuse starlette, secouait ses longs cheveux noirs et montrait ses épaules nues. Quand on apporta le riz à la Marie-Louise et le gâteau de Savoie, la fête battait son plein. Tout le monde riait, hurlait, chantait. À ce moment, la salle s'enfiévra. Le blond Jacques, le cousin Jean avaient sorti de je ne sais où un bandonéon, un harmonica, et la belle Solange commença à danser. À la main elle tenait des castagnettes. Elle donnait de voluptueux coups de hanche, frappait le sol du talon, et se renversait : Olé, Olé ! Le brouhaha s'exaltait, atteignait son paroxysme, quand soudain je fondis en larmes.

Maman la première s'en aperçut. Elle se précipita vers moi, et tandis que je continuais d'exploser dans un chagrin inexplicable, le bruit autour de moi, peu à peu, s'apaisa. Je ne voyais rien sous le rideau de mes larmes, écrasé par mon désespoir. On m'entoura, on m'embrassa, on porta des toasts en mon honneur ; je ne saisissais pas très bien pourquoi. Et malgré les protestations affectueuses, le serment solennel de se retrouver tous, dans dix ans, en 1948, pour fêter mes vingt ans, les gentillesses dont on m'accabla, le malaise persista. Je quittai ce jour-là mon enfance.

Seigneur, je promets de respecter jusqu'à mon heure dernière la fleur qui éclôt, le poussin qui naît, l'alouette ivre de soleil qui s'élance à l'aurore, et de ne pas éteindre la mèche qui fume encore. Je respecterai partout la fragilité, et partout l'innocence.

C'est ma prière.

## *Qui choisit sa vie ?*

*Le coq fièrement campé en haut du clocher*
*croit peut-être qu'il gouverne les vents...*
*Qui de nous choisit sa vie ?*

Au mois de juillet 1952, je rentrai en France. Depuis deux années, j'étais professeur en Algérie, au lycée de Tizi Ouzou, la mythique préfecture de la grande Kabylie. Je n'avais pas revu le cher abbé Cognet depuis la fin de la guerre. Je franchis avec émotion la porte du petit séminaire, traversai la cour d'honneur, contemplai avec nostalgie les bâtiments de classe. J'aperçus le père économe dans le jardin, je lui fis un grand salut du bras ; il me regarda un instant et se détourna. Il ne me reconnaît pas ! exultai-je. C'est que je suis un homme maintenant ! J'arborais un chapeau mou à la mode du temps : avec ma cigarette au coin des lèvres, je me prenais pour Humphrey Bogart échappé du film *Casablanca*. Je frappai à la porte du bureau directorial et, sans attendre de réponse, j'entrai avec impétuosité. Il était là. Je le voyais de profil, assis à son bureau, la tête penchée sur un livre. Alors moi, Humphrey Bogart, avec ma cigarette et mon chapeau mou, je redevins brusquement un écolier, un petit garçon. Mon cœur fit une cabriole, et je m'écriai : « Monsieur l'abbé, c'est moi ! »

Le père supérieur prit le temps de marquer sa page, leva la tête et dit calmement : « Assieds-toi, Henri. »
Nous parlâmes à bâtons rompus. Je racontai ma découverte de l'Algérie, ma vie de prof, mes premières expériences d'homme. Ensuite nous évoquâmes mes anciens camarades. Untel est père blanc en Afrique, un autre vient de dire sa première messe, celui-là nous a quittés, etc. Le bureau directorial était une pièce agréable. Les fenêtres ouvraient sur le parc, et des livres, de beaux livres neufs, la passion de mon ancien maître, remplissaient les étagères. Lui, le père supérieur, avait un peu grossi. Le visage reposé, luisant de santé, il portait une belle soutane d'un noir brillant, et le col romain était d'une blancheur éclatante.
« Et vous, mon père, que devenez-vous ?
– Bien, Henri, bien.
– Cela fait dix ans que vous êtes supérieur du séminaire ; on va bientôt vous nommer chanoine, dis-je en souriant.
– Je le suis.
– Alors, fis-je en plaisantant, le pape va vous élever à l'épiscopat ! Vous porterez les souliers à boucles d'argent, les bas et les gants violets, la crosse et la mitre ! »
Je riais de confiance, mais il baissait la tête.
« J'ai dit une sottise ?
– Non, Henri...
– Comment ! fis-je, incrédule. Vous voulez dire que vous allez être évêque ? »
Comme il ne répondait pas, je me levai, fébrile soudain, et me mis à marcher de long en large : « C'est une nouvelle fantastique ! »
Je le contemplai avec affection et respect. Je m'assis de nouveau en face de lui : « Quelle devise ferez-vous graver sur la crosse ? Je parie pour l'incipit des *Confessions* de

saint Augustin, que vous nous citiez si souvent : *Fecisti nos ad te Domine*... "Tu nous as faits pour toi, Seigneur, et notre cœur sera inquiet tant qu'il ne reposera en toi." J'y pense, prévenez-moi à temps, et je reviendrai d'Algérie, à pied s'il le faut ! Je serai présent à la cérémonie, je m'y engage ! dis-je d'un ton résolu.
– Il n'y aura pas de cérémonie, dit-il d'une voix calme.
– Comment cela ? fis-je, désorienté.
– Le mois prochain, j'entre à la trappe de Bellefontaine en qualité de novice. »
Il redressa la tête avec son sourire malicieux de jadis.
« Mais pourquoi ? balbutiai-je. Mais pourquoi ?
– Tu te souviens, Henri, de nos conversations ? Il y a dans toute existence des carrefours ; il faut alors, avec la grâce de Dieu, décider de sa route... choisir sa vie.
– Oui », dis-je, et je gardai le silence.

L'abbé Bernard Cognet, chanoine de la cathédrale de Blois, supérieur du petit séminaire, docteur en philosophie et en théologie, diplôme qu'il obtint avec la mention exceptionnelle *Cum maxima pro sua laude*, ancien élève de l'École de Rome, promis aux plus hautes fonctions ecclésiales, choisit, à quarante ans à peine, d'entrer à la trappe comme humble novice. Souvent, l'été, j'allais le voir. Il avait pris le nom de père Pierre. Il revenait des champs, fatigué mais souriant.
« Vous faites les moissons..., disais-je. Et les livres, les livres que vous aimiez tant ? »
Il ne me répondait pas. Mais son visage était en paix. Il avait choisi. J'ai connu un saint dans ma vie, et je l'ai aimé.

## *Prier comme un enfant*

*Lorsque j'étais un enfant, je parlais comme un enfant…*
*devenu homme, j'ai mis fin à ce qui était propre à l'enfant.*

Saint Paul,
I Corinthiens, XIII.

Lorsque j'étais un enfant, je disais à mes parents :
«Je vous aime, nourrissez-moi, protégez-moi, prenez soin de moi, mon amour a besoin de vous, il attend tout de vous!»

Lorsque j'étais un enfant, je disais à Dieu :
«Seigneur, je t'aime, protège-moi, aide-moi, écarte de ma route embûches et chagrins, accomplis pour mon seul bénéfice des miracles singuliers. Ô mon Dieu, aime-moi par privilège!»

Devenu homme, ai-je abandonné cette attitude puérile, ai-je laissé mes «infantilies»? Je ne sais. Quand Dieu ne m'accorde pas la grâce demandée, s'il m'advient une déconvenue, un malheur, un deuil, je me fâche, et je le maudis :

«Tu n'es pas le bon Dieu, tu m'as déçu, tu m'as trahi! Je te rejette, je ne t'aime plus!»

Est-ce là parler comme un homme, prier comme un homme, ou parler, prier comme un enfant? Ah! Seigneur, qu'il est difficile de quitter l'âge tendre, de n'être plus ce petit à qui tout est donné, tout est permis. Je prierai désormais comme un adulte responsable, mais je garderai du temps béni l'enthousiasme, la certitude de votre Amour, mon aveugle confiance, et je serai toujours dans mon cœur.. votre enfant.

## *Ceux qui ont perdu la foi*

Ils ont eu dix ans un matin de printemps. Premiers communiants, ils croyaient en Dieu, au Christ, à la Vierge Marie. Ils ont mûri, ils ont grandi, souffert, aimé, vieilli. Ils ont perdu la foi ! L'Amour absolu est clos. On est guéri. Adieu les balivernes des curés, qui vous embrouillaient l'esprit. L'Amour est clos. On est guéri. Parfois, à pas de loup, quand tombe la nuit, vient la nostalgie. Où êtes-vous, le Père, le Fils, l'Esprit? Alors on se reprend, on s'étourdit. On a des préoccupations plus importantes : le métier, l'argent, le pouvoir, et les amours humaines. Mais l'Amour absolu, c'est fini. Dieu, c'était bon quand on était enfant, l'âme naïve, le sexe ingénu, le cœur pierre d'étincelles, et la mort au loin, aussi loin que la mer éternelle. Mais aujourd'hui, on connaît la vie. L'Amour est clos. On est guéri.

Je vous prie, Vierge Marie, que la foi ne me délaisse. Que je croie au Père, au Fils, à l'Esprit... quand, à pas de loup, sur mon âme inquiète, viendra la nuit.

# *Le blasphème*

Pendant tout le Moyen Âge, et jusqu'au milieu du XVIIe siècle, dans notre France très chrétienne, le blasphème fut un crime. Jurer en vain le nom de Dieu, maudire le Seigneur, nier la sainte doctrine valait à son auteur d'avoir la langue percée en son milieu par une pointe rougie au feu.

Aujourd'hui, le Dieu des chrétiens n'est plus sacré ni son Église. On a toute licence d'outrager, d'insulter la religion de nos pères, ses princes et ses autels. On s'en ferait même une gloire ! Voyez ces lâches héros sans tarasque ni dragon... Le sacré a changé de camp. Les tabous sont toujours aussi contraignants, et l'intolérance règne, mais elle concerne d'autres domaines. Quand sortirons-nous du Moyen Âge, quand deviendrons-nous adultes ?

Seigneur, voici ma prière :
« Que chacun, dans le respect d'autrui, ait le droit de choisir son chemin, d'exprimer sa pensée, de dire sa foi. Cette évidence tranquille devrait apaiser les esprits. Inutile désormais que l'on perce en son milieu, d'une pointe rougie au feu, la langue des contrevenants. »

## *Prière en automne*

Cette année-là, dans le pentagone des bois, entre les villages de Genneteil, Chigné, Broc, Chalonnes, Denezé à l'est du pays baugeois, l'on assiste à un déferlement, une ivresse. Les jaunes mats et flamboyants, les roux de l'automne. La somptuosité frisée, la tapisserie des feuillages de chêne. L'ocre doux et calme des châtaigniers. La monnaie d'or des bouleaux sur l'argent de leurs fûts. Le vert sombre des sapins. Par une trouée, on aperçoit le rouge des vignes alignées. Au bord du chemin, les perles noires et grenues dans les ronciers. Le soleil qui joue, éclaire, chatoie. Les bois en automne nous laissent effarés de beauté.

*Une châtaigne tombe.*
*Le peuple de l'herbe*
*se tait*[1].

Seigneur, tu le sais :

*Mes jours ne sont qu'un vent qui passe*[2]...

Face à la splendeur fugace de l'automne, je deviens silence. Je n'ai pas besoin de mots pour t'aimer.

---

1. Bashö, célèbre poète et moine zen japonais : (1644-1694).
2. Laurent Drelincourt.

# *Il est temps*

Ce matin de septembre, je « fête » mon soixante-seizième anniversaire. Parce que j'aime les poètes, je me répète la phrase si belle de René Char (*Recherche de la base et du sommet*) :

*Lorsque nous n'entendons plus l'appel*
*de la rivière de notre avenir.*

Je me laisse envahir par une diffuse, une douce mélancolie. Quand, brusquement, le Seigneur, qui passait par là, me tire par l'oreille :

« Il est temps, Henri, me dit-il.
– Comment cela, il est temps ? sursautai-je. Vous voulez parler du dernier voyage ?
– Non.
– Vous m'avez fait peur, maugréai-je. Il est temps pour quoi, Seigneur ? Écrire, prêcher la bonne parole ?
– Non.
– Je vois, soupirai-je. Il est temps de renoncer à certains plaisirs frivoles : petits plats, siestes abusives, consolations de vanité...
– Pas du tout, dit le Seigneur.
– Alors je ne sais pas, éclairez-moi.
– Il est temps pour toi d'aimer le Seigneur ton Dieu...
– Mais..., protestai-je.

– De l'aimer sans trêve, ni laisse, ni fin, ni mesure. Il est temps pour toi de ne plus rien vouloir que devenir cet homme qui, par la porte étroite de l'Amour, entre dès à présent dans son chemin d'éternité. »

## *Si la corde...*

Seigneur, si la corde qui me lie à toi se dénoue. Si le chemin qui mène à toi s'embroussaille, et que tu ne puisses venir à moi, par ma faute. Alors comment vivre? Sans toi je suis feuille morte dans le vent. Rien ne me chaut, rien ne m'importe. Le Seigneur est mon secret. Sans lui je fais semblant de vivre.

*Lumière sereine de mon âme*
*matin éclatant*
*Amour divin*
[...]
*que je vous sois étroitement unie*
*pour*
*l'éternité.*

Sainte Gertrude (1255-1302)

Dieu est mon soleil, tout le reste est froidure. Dieu est ma quête de sens, tout le reste est copie, errance, malaventure. Dieu est l'Absolu, quel que soit le nom qu'on lui donne dans la langue des Scythes, en chinois, en persan ou l'un des cinq mille dialectes de la planète. Sans Dieu, il n'est rien qui vaille.

*Le chaos s'éteindra, comme tous les chaos,*

écrivait René Char. Seule demeurera la face claire de Dieu.

## *Le châtaignier*

Face à moi un châtaignier.
L'automne a mordoré ses feuilles oblongues, qui se murmurent de petites choses au vent léger. C'est un adolescent, le tronc lisse et gris avec des taches de blanc. Il est perdu dans la forêt parmi les hêtres, les sapins, les chênes et les ronces emmêlées.
« Prends courage, petit châtaignier, lui dis-je. Tu es un arbre à la fois beau et utile. Avec ton bois l'on fait : les douves des tonneaux, les parquets et les poutres qui éloignent des maisons les araignées, et les meilleurs pieux de clôture. Tes feuilles servent au fromager, ton fruit dans la bogue épineuse s'offre avec tendresse à la main des enfants.
– Hum…, fait-il, dubitatif.
– Écoute, aujourd'hui même, j'apprends qu'un très vieux châtaignier de ta famille, en abattant son tronc énorme, a détourné les eaux furieuses, et sauvé un village corse avec ses cinquante habitants !
– Ah ! » dit-il, en redressant son tronc lisse encore et si léger.

Seigneur, je suis ce châtaignier perdu dans la forêt humaine. Il est jeune, et moi vieux, mais nos faiblesses s'apparentent. En guise de marrons luisants, je laisserai ces quelques pages de prière, que ramasseront les enfants.

## *Je crie vers vous, Seigneur!*

Ma prière d'aujourd'hui ne se réduira pas aux «dimensions gracieuses» dont parle René Char; ce sera un appel, un cri, une «interrogation creusante».

Seigneur! Je suis cet archer aveugle, qui lance au ciel noir la flèche de sa foi, et vous êtes la cible, et vous êtes mes yeux, et vous êtes mon bras. Comme dans le paso-doble, le cavalier du talon marque le pas, tandis que s'échappe et virevolte la danseuse; comme la batterie mesure le tempo, quand s'étrangle la trompette et sanglote le saxo; comme le lecteur maintient le poète à fleur d'intelligible, l'enfant garde son père, le lit contient la rivière, et l'aube reguinde le rêveur... Veillez sur moi, Seigneur!

Je suis cet archer aveugle, qui lance au ciel noir la flèche de sa foi.

# *Rien de nouveau sous le soleil*

*Nihil novi sub sole.*

L'Ecclésiaste.

En ce temps-là, ma grand-mère était une jeune femme sage, et maman avait douze ans, vers les années 1900. Montrer sa cheville était alors une audace, laisser voir un mollet le commencement du dévergondage, et découvrir son genou une abomination. L'époque victorienne bridait la chair, d'une main de fer. Mon arrière-grand-mère utilisait une poupée de chiffon pour désigner au médecin ses zones intimes. Il eût été inconcevable qu'une main d'homme la touchât aux endroits délicats. Les « interdits » du XIXe siècle nous laissent pantois. Nous rions, nous nous moquons : « Ils étaient fous en ce temps-là ! »

Hélas ! Passent les modes, passent les saisons... Quelque cent années après, sommes-nous plus raisonnables, sommes-nous vraiment différents ? Bien sûr que non. Les interdits ont changé de face. On adore ce que l'on brûlait, et inversement. Mais c'est toujours la même musique, la même chanson. L'homme est encore cette guêpe affolée qui se heurte sans cesse aux vitres de sa déraison. Quels sont nos tabous aujourd'hui ? Je ne les nommerai pas, nos descendants s'en chargeront, et s'en gausseront. Seigneur, vous qui avez connu mille soleils, sur les hommes vos enfants, étendez comme un manteau l'Amour qui comprend et pardonne toutes nos déraisons.

## *Prière à Notre-Dame des vignes*

Je suis au mitan de la dizaine, celle qui court de septante à quatre-vingts. À mon avis, ceux qui ont glosé sur le grand âge ont dit beaucoup de sottises. Ils parlaient d'un pays qu'ils n'avaient pas visité.

Lorsque je fus septuagénaire, je voulus écrire un petit texte en hommage à l'un de mes anciens professeurs qui venait de décéder. Je pris conseil de l'un de ses anciens collègues. Il me tutoya d'emblée, comme au temps où j'étais écolier :

« Alors, Henri, que deviens-tu ?
– Je vieillis, monsieur l'abbé, je vieillis !
– Quel âge as-tu ?
– Je fête, si j'ose dire, mes soixante-dix ans !
– Comme tu es jeune ! Tu ne sais pas ce qui t'attend... »

Trois semaines après, mon vieux maître à son tour nous quittait. Il avait quatre-vingt-douze ans. En ces premiers jours d'hiver, je songe à ses paroles. Qu'est-ce qui m'attend ? Hier encore j'étais un alerte septuagénaire. En quelques saisons, je suis devenu vieux. Cela s'est fait insensiblement, un cheveu blanc ici, une ride là, un nouveau tremblement dans les doigts, le froid qui me semble plus cruel, ou cette « douceur pauvre », cette insupportable gentillesse, cette précautionneuse affabilité, dont on enrobe les vieillards, que l'on ensevelit déjà en pensée. René Char écrivait durement :

*Sol glacé, et quasi-certitude : sans nos dieux...*
*nous ne sommes qu'un désert puant.*[1]

Seigneur, il n'y aura tantôt plus que vous, et la Vierge Marie, pour me regarder sans dégoût. Aussi je me tourne vers le ciel, et je dédie à la Mère de Dieu, mère des hommes, cette prière comme un cri. La voici :

*Notre Dame, de Paris, de Chartres, de Lorette, de La Garde, de Vézelay, de Lourdes, de Fourvière, ou de Guadalupe... et vous en particulier, qui régnez sur la colline de mon village : Notre-Dame des vignes !*

*Ô Marie, vous êtes sise dans une humble niche, et vous êtes la reine de ce petit oratoire en pierre de tuffeau à la mode du pays, juché sur le coteau. Votre statue est une réplique de la Madone à l'Enfant de Michel-Ange. Mais en ce lieu écarté du Baugeois, sur le versant soleilleux, l'adret jadis tapissé de vignes...*

*... en mémoire des siècles de labeur, où nos ancêtres, front courbé, reins cassés au-dessus de la pierraille, ont si longtemps peiné...*

*... par les femmes en fichu, leur seau, leur serpette ; les hommes la hotte pleine sur le dos... et par le cheval patient qui attend en haut du champ !*
*Par l'odeur âcre du raisin que l'on foule, et les rires, quand chante au fond des gobelets le vin nouveau.*

---

1 René Char, *Recherche de la base et du sommet*, Gallimard, 1955.

*Par ce vin acide et dru mordant les gencives, le moins connu des vins du bord du Loir.*
*Par la peine des hommes, leurs joies petites, et cette grande foi qui nous vient des siècles passés…*

*Je vous prie, la vierge Marie :*
*Ô Marie, de tout mon cœur, ce cœur sans vous désespéré.*
*Vous la douceur, la joie, l'espérance maintenant et pour l'éternité.*

## *Au supermarché des religions*

Au supermarché des religions, et pour le seul rayon chrétien, on trouve en tête de gondole les catholiques romains, et ensuite, pêle-mêle : les réformistes, les orthodoxes, les uniates, les baptistes, les évangélistes, les pentecôtistes, les vieux-croyants, les témoins de Jéhovah, les pèlerins d'Arès, etc. Comment s'y reconnaître? Que faut-il acheter? Pourquoi cette religion plutôt que celle-là? Pour aller à Dieu, quel est le bon chemin? Quelle lessive est la meilleure? Quelle religion lave plus blanc?

N'écoutez pas leurs publicités. Elles détiennent toutes la Vérité; chacune est en liaison directe avec Dieu. Cependant, ne pas choisir, c'est renoncer à toute cordée spirituelle. J'en connais de ces grimpeurs solitaires qui voulurent escalader l'Everest et se sont arrêtés au premier refuge, au premier chalet. Et que penser de ces chalands hébétés? Une vie entière à s'informer, à soupeser, qui s'en iront les mains vides, toujours entre deux chaises, entre deux essais. J'ai tranché. Je suis catholique romain. Pourquoi? Ah! pourquoi? Je ne tomberai pas dans vos pièges. L'important est d'aimer. Le saint curé d'Ars, à qui un petit malin demandait :

«Et si, après votre mort, vous constatiez que toutes ces histoires du catéchisme, c'était de la blague?

– Je serais bien attrapé, répondit le curé, mais je ne regretterais pas d'avoir cru à l'Amour ! »

Il faut aimer sans fin, ni trêve, ni laisse, aimer sans mesure l'Amour infini. Ah ! Seigneur, je t'aimerai, jusqu'à mon cœur éclaté.

## *En attendant le printemps*

Mars déploie ses caprices et ses grâces, on voit bien que l'hiver n'en a plus pour longtemps. Nous attendons le printemps. Il reste encore un peu de givre sur l'herbe matinale, et le vieux chêne dresse vers le ciel ses bras désespérés, mais déjà les jonquilles pointent leur nez. Une pousse vert tendre apparaît sur la haie de troènes ; les crocus bleus percent la terre. Un bébé fleur de cognassier tremble un peu d'être né. La nature est une jeune fille impubère, elle est en mystérieuse attente. Il va venir. Il vient, le printemps. Les enfants, les jeunes vont sauter dans la saison neuve, joyeux, inconscients. Les adultes, les vieux remettront en route les machineries de l'espérance. Il va falloir vivre, aimer, souffrir...

Seigneur, aidez-nous en cet intervalle, avant que reparte le tourbillon des saisons. C'est la halte, l'instant de recueillement. Sainte Vierge Marie, laissez-nous sur vos genoux prendre souffle un instant, avant de nous perdre à nouveau dans l'océan du temps.

# *Florilège*

J'ai toujours été émerveillé par les noms que l'on donna au cours des siècles à Marie. Épitomé, florilège, savoureuse chrestomathie qui chante notre amour pour la Mère de Dieu. À l'époque des conciles d'Éphèse (431), et de Chalcédoine (451), en ce v^e^ siècle où s'épanouit la dévotion mariale, on voit fleurir les invocations poétiques :

*Lumière qui ne s'éteint pas…*
*Demeure qui n'a pas de toit*

Saint Cyrille d'Alexandrie.

*Ô Allégresse de l'Église…*
*Ô limpide source d'eau vive*

Théodore d'Ancyre.

Saint Pierre le Chrysologue invente l'appellation, qui s'inscrira dans la pierre des cathédrales :

*Notre Dame*

Au Moyen Âge, les fidèles redisent avec ferveur la lente et belle mélopée des litanies de la « Sainte Vierge » :

*Miroir de justice;*
*Siège de la sagesse;*
*Rose mystique;*

*Tour de David;*
*Tour d'ivoire;*
*Maison d'or;*
*Porte du ciel;*
*Étoile du matin;*
[...]

La liturgie byzantine, qui voue un culte ardent à la Mère de Dieu, ajoute son éclat singulier :

*Comment t'appellerons-nous, Ô pleine de Grâce?*
*Vierge, parce que tu es demeurée inviolée?*
*Paradis, parce que tu as fait germer les fleurs de l'immortalité?*
*Ciel, parce que tu as fait se lever le soleil de justice?*

L'invocation que je préfère, et dont je ne connais pas l'origine, est «Marie, auberge de Dieu, relais de sa tendresse». Mais chacun suit sa pente et son cœur. Tout est bien, tout est grâce à qui chante et prie la Vierge Marie.

## *Ode à Marie*

Marie, la jeune fille aux longues tresses
Brunes, qui reçut au mois des lilas
L'annonce de Dieu, et qui s'inclina
Sans regret, sans apprêt, sans adresse

Ô jeune femme de douce accortise
Un ange du ciel dénoue tes cheveux
À notre Seigneur, ce matin promise.
Passe sur ton sein le souffle de Dieu.

Tu appris tout à Dieu des tendresses humaines, et Jésus marchait à ton pas, quand vous alliez ensemble à la fontaine, mêler vos yeux noirs à l'eau de Magdala.

Il eut trente ans aux noces de Cana
Le vin déjà ! Buccins, rouges cymbales
La noria d'Amour, qui naît et s'étale
Jésus devint Christ. Marie était là…

Ce fut le mystérieux accouchement
Où se brisait en croix l'écorce humaine.
Marie était là…
Le troisième jour, voici que s'éveille
Le Dieu résurgent. Passent les printemps…
Marie était là, de ses mains de vieille
Prépare la toge, le repas de Jean.

Marie, tu es là, à travers les âges,

comme naguère dans les blés de la Galilée.
Ton sourire, ton Amour, ton visage
illumineront notre éternité.

*Petit abécédaire marial*

## A

### Ave Maria

On ne sait exactement quand apparut cette prière. La première partie était déjà en usage au XI^e siècle. La seconde partie date du XII^e. L'Ave Maria tel que nous le connaissons aujourd'hui devint très populaire au XVI^e siècle, et l'est demeuré depuis.

L'an dernier, à ce moment délicat où l'hiver fait jointure avec le printemps, ma carcasse de septuagénaire se mit à se rebeller, à craquer, à grincer de toutes ses articulations. J'égrenai une série de petits tourments, malaises aussi agaçants que fatigants. Un soir, j'étais particulièrement éprouvé. Je fis un vœu. Oh ! un vœu minuscule ! Je promis de réciter tous les soirs un Ave Maria. J'ajoutai malheureusement un codicille : je dirais cette prière en réfléchissant aux mots prononcés. Je fis cette promesse un lundi ; le mercredi, j'étais guéri. Je ne suis pas un saint, mais je suis honnête : je commençai le jour même. Un seul Ave Maria, me dis-je, pour me rassurer, ce n'est pas la mer à boire, c'est vite expédié. Un homme guéri a tant de choses à faire...

*Je vous salue Marie, pleine de grâce, le Seigneur est avec vous.*
*Vous êtes bénie entre toutes les femmes...*

Voyons, réfléchissons aux mots prononcés comme le stipule mon vœu. Je m'adresse à Marie, la bénie, la choisie entre toutes les femmes, l'élue de Dieu, qui vit dans l'amitié, la compagnie du Seigneur. On ne peut commencer ainsi une prière sans se trouver jeté hors de ses pensées ordinaires, de ses intérêts quotidiens. Cela s'annonçait autrement que je l'avais prévu. J'eus comme un frisson, un recul prémonitoire, mais je devais exécuter mon vœu :

Et Jésus, le fruit de vos entrailles, est béni...

Là, je reçus un choc. Une jeune fille, une vierge au pays d'Israël, une gamine de quinze ans à peine va pétrir de sa chair l'Éternel. On ne peut dire cette énormité, cette chose stupéfiante, extravagante, et « passez muscade ». J'en restai « estourbi ». C'est dans cet état vacillant que j'abordai la seconde partie.

Sainte Marie, Mère de Dieu...

Je m'adresse à la Mère de Dieu ! Marie, le relais sur la pente de l'Amour infini... tout cela va trop vite, je commence à étouffer...

Priez pour nous, pauvres pécheurs...

Je suis un pécheur, un pauvre pécheur ! À propos, je ne sais plus à quand remonte ma dernière confession. Moi qui croyais pouvoir remettre cela aux calendes grecques, disons à Pâques, ou à Noël...

Maintenant et à l'heure de notre mort. Amen.

Ces derniers mots m'achèvent. Fait-on penser à la mort un homme à peine guéri ! Je ne comprends pas. Je récitais pourtant chaque soir au pied de mon lit ma dizaine de chapelet. Je la disais en fredonnant et me jugeais quitte. Je songe avec effroi que, par étourderie, j'ai omis de fixer des limites à mon vœu. Je suis condamné à recevoir désormais tous les jours de ma vie cette averse de la lumière.

## B

BORDS DE LA LOIRE

Les mouettes au dos blanc crissaient dans le ciel du large fleuve. C'était à Thoureil, et je croyais presque voir la mer. Ce n'était que la Loire, ses îlots de sable lagune, le soleil d'un petit matin de juillet perçait la brume ; il dessinait dans l'eau des étoiles. Le fleuve berçait la vieille « toue cabanée » à toit plat, sa fenêtre de maisonnette ; trois barques à ses flancs dansaient lentement au clapotis du courant. Entre Angers et Saumur sur cette rive hautaine de la Loire, que les touristes ignorent un peu, tout près de l'abbaye de Saint-Maur. Mon âme s'accordait au paysage gris ; l'ourlet de la brume à l'horizon caressait l'infini. Et je priais la Vierge Marie...

Kaire kecharitômene
O kurios meta sou

Réjouis-toi comblée de grâce
Le Seigneur est avec toi.

Voici que l'humanité sort de sa longue nuit. Une jeune fille d'Israël a été choisie :

Tu es bénie entre toutes les femmes
et Jésus ton enfant est béni

Marie et son fils.

Elle apprend tout à Dieu des tendresses humaines, et Jésus marche à son pas, quand ils vont ensemble à la fontaine mêler leurs yeux noirs aux eaux de Magdala. Chez elle, chez lui, la même douceur des prunelles. Cette ombre sur sa joue, quand il baisse sa paupière, c'est celle de sa mère, et ce pli de la lèvre, quand elle sourit, se reconnaît chez lui. Marie entre toutes les femmes est bénie, et Jésus le fruit de sa chair est béni.

Ô Marie, porte du ciel, étoile de la mer, Marie, toi qui reçus le mystérieux privilège de mettre au monde le Sauveur, et de vivre trente années auprès de lui, considère avec pitié nos péchés, et parle-lui de nous à notre heure dernière :

*Sainte Marie, Mère de Dieu,*
*Prie pour nous, pauvres pécheurs,*
*Maintenant et à l'heure de notre mort.*
*Amen.*

## C

CHARISME

L'Esprit donne un message de sagesse à l'un et de silence à l'autre ; à un autre le même Esprit donne la foi, à un autre encore les charismes de guérison ; à un autre le pouvoir de faire des miracles, à un autre le discernement des esprits, à un autre le don de parler en langues, à un autre encore celui de les interpréter.

Saint Paul (I Corinthiens, XIII)

Le « charisme » est un don de Dieu.

Les charismes de Marie sont le don de la miséricorde, le don de patience et le don de la foi ; les charismes de Marie sont le don de confiance, la croix du silence, l'éblouissance tendre, et dans la vie tissée à l'humble laine des jours, le don de l'Amour.

## D

DESTIN

Une jeune fille de Nazareth en Galilée. Quatorze ou quinze ans à peine. Ses longs cheveux noirs sont sagement tressés sous le voile de lin. La ceinture de laine serre sa tunique sur sa taille mince. Elle va et vient pieds nus dans les sandales de corde, surveille le feu dans le four cylindrique, où cuit le pain de la semaine, lave sur la terrasse la vaisselle en terre cuite, rentre dans la pièce unique, s'assoit en tailleur à même le sol.

Se regarde-t-elle parfois dans le miroir de bronze poli ?
Se trouve-t-elle jolie, la très jeune fille Marie ?
Sait-elle que l'Ange accourt vers elle du fond du ciel, et que Dieu va changer son humble vie en « destin » ?

## E

ÉVEIL

Éveil, mot clair et léger, mot de source, le chant de l'alouette qui grisolle un matin de mai. Éveil de la femme, de la maman dans le corps gracile d'une jeune fille d'Israël. Éveil à l'inconcevable Amour dans le cœur de Marie.

## F

### Foi

La foi. Cet élan du cœur, qui emporte la certitude. La foi : l'une des trois vertus théologales, avec l'espérance et la charité. La foi : pierre d'angle du christianisme.

La Sainte Vierge Marie ajoute à ma foi chrétienne la grâce de la jeune fille, la douceur, la compassion d'une maman. Le Dieu de ma foi chrétienne sait que je ne suis qu'un homme, avec ce corps périssable, cet esprit désarmé, et cinq sens qui ne perçoivent que peu de choses dans l'univers des galaxies. Afin de me hausser à l'éternité, ce Dieu s'est fait proche, en me donnant pour guide son fils Jésus le Christ, et une Vierge pour maman. Le Christ est la Voie (la Vérité, la Vie), et Marie les fleurs du chemin. Voilà ma foi.

## G

### Grâce

L'éclat de la grâce habille Marie.

Elle fut partout, en tous temps célébrée, la grâce de Marie. De tableau en sculpture, d'icône en vitrail : Giotto, le Tintoret, Michel-Ange, mais aussi le Pérugin, le Corrège, Raphaël ou Botticelli. Patience, douceur, simplicité, courage, harmonie :
« Chez la Vierge Marie, écrit saint Ambroise, la beauté du corps reflète la beauté de l'âme. »

Marie, le choix gracieux de Dieu :

*Je vous salue Marie,*
*Pleine de grâce...*

# H

## Humilité

*L'Écriture divine, frères, nous crie cette parole :*
*Quiconque s'élève sera humilié, et qui s'humilie sera exalté.*

Règle de saint Benoît, chap. VII,
« De l'humilité »

L'humilité : « Sentiment de son insuffisance, qui pousse une personne à s'abaisser volontairement », affirme le dictionnaire. Sans doute ne devons-nous pas trop nous « mirer dans nos plumes », nous autres hommes. Mais pourquoi le ferions-nous ?
« Tant sage qu'il voudra, mais enfin c'est un homme, qu'est-il de plus caduc, plus misérable, et plus de néant ? » (Montaigne, *Essais*, II, 12).
L'humilité, ce me semble, n'est rien d'autre que lucidité, regard équitable jeté sur nous-mêmes. Ce n'est pas abaissement. Ce n'est qu'honnêteté.

« Humilité égale simplement vérité », dit le philosophe Jankélévitch.

Ainsi la Vierge Marie. Voici qu'une jeune fille d'Israël est enceinte de Dieu. Elle va mettre au monde, nourrir, bercer, l'enfant divin, l'aider à marcher, à parler, tout lui enseigner des façons et tendresses humaines. Quelle mère à sa place ne se hausserait un peu du col, n'éprouverait au moins un brin de vanité? Une autre à l'opposé se récuserait au prétexte de son indignité. La Vierge Marie est humilité, sans s'enorgueillir et sans se dénigrer; elle accepte simplement d'être ce qu'elle est :

*Je suis la servante du Seigneur,*
*qu'il soit fait pour moi comme tu l'as dit.*

Luc, I, 38.

L'humilité est une vertu sans tapage. Je n'aime point trop ceux qui se déprécient à grands cris : «Je ne suis qu'une poussière, un rien», clament-ils. Et pourquoi tant de bruit? En ont-ils douté un instant pour mener pareil train? Les choses sont ce qu'elles sont. Rien de plus, rien de moins. Et nous sommes si légers dans la main de Dieu...

IMMACULÉE

*Sans tache aucune, sans péché.*
*Immaculée.*

*La «Panagia» (la toute sainte), disent les Orientaux.*
*Plus innocente que l'oisillon qui naît,*
*Que le vitrail, où joue le soleil*
*À l'aurore.*

*Plus blanche que la robe du baptisé,*
*et l'aube du prêtre que l'on vient d'ordonner.*

*Une clarté toute singulière*

*Marie*
*« La pierre ingénue »*
*Le diamant de Dieu*

## J

### JOIE

Sainte Marie : priez pour nous
Sainte Mère de Dieu : priez pour nous
Sainte Vierge des Vierges : priez pour nous

Ainsi psalmodient les litanies. Le chapitre est clos, la question éteinte. Marie est la Sainte entre les saintes, la Sainte par excellence. Pourtant, il convient d'ajouter un codicille. Je me propose d'avancer une assertion, de postuler une virgule, un rien, de soutenir une thèse… qui, que… ah ! je faseye, j'atermoie, j'hésite, je barguigne, je ne parviens pas à sauter le pas ; une assertion, disais-je, étonnante, surprenante, insolite, voire dérangeante, qui pour certains chrétiens passera pour abracadabrante. Une affirmation, qui sans être insolente, risque pourtant de les décoiffer, les déconcerter, les désenrubanner, les désenclaver, les déconfire, les défruiter, les dépulper, et même les déstabiliser jusqu'à leur installer des grillons dans la tête. Une assertion qui, malgré son allure innocente, les fera endêver, marronner, leur serrera la boucle, leur mettra les sens en berne, les habitudes en capilotade, leur barbouillera la dévotion, et leur ravaudera l'intellect. Ils l'entendront comme un gros mot, une offense, une pouille…

Bref, en un mot comme en cent, la Très Sainte Vierge Marie n'est pas seulement la « Pietà », la « Stabat mater dolorosa » c'est aussi une Sainte... joyeuse !

## K

KYRIELLE

*(Longue suite, litanie)*

À la maison de Nazareth, la kyrielle des humbles tâches ménagères. Dès l'aube, Marie allume le brasero à charbon de bois. Elle plie et range les trois nattes de jonc ; la pièce est petite et sert à la fois de chambre et de cuisine. Vite étendre le linge, qu'il faudra porter sur le toit en terrasse, et puis moudre le blé et l'orge, faire cuire le pain, les gâteaux. Ensuite préparer les légumes : poireaux, oignon ; la soupe chantera sur le fourneau de pierres plates, posé à même le sol. La jarre d'huile est-elle pleine, pour se parfumer après le bain rituel ? On est aujourd'hui vendredi, veille du Shabbat. Il faut encore recoudre ce cordon bleu sur la tunique de Joseph. Jésus va rentrer de l'école, il a neuf ans déjà...

La litanie des jours heureux. La kyrielle des humbles tâches ménagères, qui sont une prière, un autre patois de l'Amour.

## L

LITANIES

Litanie, du grec *litaneïa* : prière. Les litanies sont de courtes invocations adressées à Dieu, à la Vierge ou aux saints.

Un matin de samedi saint 1943... nous sommes une soixantaine de collégiens séminaristes qui assistons à l'office dans notre petite chapelle. Boulmier, élève de troisième, toujours précis, glacé et cérémonieux, allume le cierge pascal. Les célébrants montent lentement vers l'autel dans l'allée centrale. Loyer et Boulay, les premiers et seconds chantres, entonnent de leurs voix pures et graves le beau chant grégorien des « Litanies »...

*Sancta Maria : ora pro nobis*
(Sainte Marie : priez pour nous)

*Sancta Dei Genitrix : ora pro nobis*
(Sainte Mère de Dieu : priez pour nous)...

Soudain, un bruit insolite au fond de la chapelle. Un homme mal rasé surgit. Deux autres en manteaux et chapeaux de cuir noir l'empoignent. Bousculade. L'un de nos professeurs semble parlementer, protester. Un cri mal étouffé. Tout se tait. Silence lourd d'angoisse. Et la litanie reprend, le chant lancinant, suppliant, qui vient du Moyen Âge :

*Sancta Virgo Virginum : ora pro nobis*
(Sainte Vierge des vierges : priez pour nous)

La lumière blanche de mars joue sur les vitraux. Litanies...

*En ce temps-là, j'étais en mon adolescence.*

Blaise Cendrars, *Prose du Transsibérien.*

## M

MAMAN

Maman : un mot chargé de tant de rêves, de tant d'amour. Un mot empli d'échos qui, tout au long de nos vies, comme des ronds dans l'eau n'en finissent pas de s'effacer, de mourir aux bords de nos rives. Un mot de hautbois et de flûte de Pan, un mot de violoncelle, de tendresse et de rire. Un mot qui vous déchire.

Le premier mot que l'on dit, le dernier que l'on crie : maman!

*Marie*
*Mère du Christ*
*Mère de l'Église*
*Mère des hommes.*
*Notre maman...*

## N

NOËL

Inconcevable, ébouriffant, aporétique miracle! Un Dieu se fait homme... une Vierge sera maman.

*Le jour où Marie devait accoucher arriva, elle accoucha de son fils premier-né, l'emmaillota et le déposa dans une mangeoire, parce qu'il n'y avait pas de place pour eux dans la salle d'hôtes.*
LUC, II, 6-7.

et encore...

*Il vous est né aujourd'hui dans la ville de David un Sauveur, qui est le Christ Seigneur*

Luc, II, 11.

Toute parole est ici superflue, et fait ombre à la simplicité lumineuse de l'Évangile. Nos cœurs sont émerveillés, et nos bouches, silence.

## O

Oui

Oui, Oil, Oc, du nord au midi selon nos dialectes du pays françois. Certes, dame, évidemment dit-on communément, affirmatif, d'après le militaire, Ouais fait vulgaire. Oui-da, à la façon des paysans de l'ancien temps. OK, fait le désinvolte, Parfaitement, Optime, dit le pédant, et Voire l'hésitant. Tous en quelque sorte acceptent, admettent, approuvent, adhèrent. Mais le plus beau des Oui est celui de Marie…

Dans sa bouche, Oui devient un bruit de source
Un rire de jeune fille un matin de printemps
Oui et sur la terre asséchée l'eau de la prière
Oui, et la terre accueille la graine…
Le Oui de Marie
Un élan sans retour, sans apprêt, sans adresse.
Le « Oui »
Du matin de l'Annonciation :

*Je suis la servante du Seigneur.*
*Que tout se passe pour moi comme tu l'as dit.*

Luc, I, 38.

# P

## POÉSIE

*La poésie n'a été pour moi que ce qu'a été la prière.*

Chateaubriand.

Tous ces chants, toutes ces voix en l'honneur de Marie... Celle de Péguy, somptueuse et balancée, cette voix ajustée, lent piétinement des pèlerins à travers la plaine de Beauce :

*Étoile du matin inaccessible reine*
*Voici que nous marchons vers votre illustre cour*
*Et voici le plateau de notre pauvre Amour*
*Et voici le plateau de notre immense peine...*

La voix précise, le chant gracieux, léger, si modeste et léger de Marie Noël :

*La Vierge Marie est dans sa maison*
*Son petit jardin par la porte ouverte*
*Respire. Une abeille entre. La saison*
*Qui vient de très loin n'est pas encore verte*
*La porte a chanté, un Ange est entré...*

Les « Han ! » de bûcheron de Claudel, qui découpe les versets comme des arbres :

*Ô Mère de mon Dieu ! Ô femme entre toutes les femmes !*
*Vous êtes donc arrivée après ce long voyage jusqu'à moi.*

*Combien mon cœur est lourd de louanges, et qu'il a peine*
*à s'élever vers Vous,*

*Comme le pesant encensoir d'or bourré*
*d'encens et de braise.*

Et ces poètes à travers les âges, qui ont supplié Marie dans tous les patois de la terre, à la façon de la maman de Villon :

*Dame du ciel, régente terrienne*

*À votre fils, dites que je suis sienne*
*De lui soient tous mes péchés absolus.*

Prier Marie se dit aussi poésie.

## Q

### Quiétude

*La Vierge Marie est penchée*
*Au bord de son cœur*
*Profond comme une fontaine.*

Marie Noël.

Jean-Marie, pêcheur breton, danse sur la mer dans sa barque légère. Son ciré jaune est balayé par la pluie. Les vagues sous la quille rugissent de colère. Trois jours et trois nuits d'angoisse avant d'apercevoir le grand phare d'Ouessant. Trois jours et trois nuits comme un bouchon dans la tempête. Mais sous l'écume furieuse, à quelque dix-huit brasses de la surface, plus de vagues, de vent. Nul fracas. Le calme étrange des profondeurs, où les poissons nagent en silence. Si Jean-Marie pouvait descendre sous sa quille, se laisser glisser le long de son ancre, il quitterait le monde de la violence, l'océan déchaîné. Il connaîtrait l'univers de la quiétude.

Ainsi mon âme, quand je vous prie, Vierge Marie.

## R

« RÉJOUIS-TOI ! »

*Kaire kecharitömene, o kurios meta sou*

*« Réjouis-toi,*
*Comblée de grâce,*
*Le Seigneur est avec toi. »*

« L'ange entra auprès d'elle et lui dit : "Réjouis-toi, comblée de grâce, le Seigneur est avec toi." À ces mots, elle fut troublée, et elle se demandait ce que pouvait bien signifier cette salutation. L'ange dit : "Sois sans crainte, Marie, car tu as trouvé grâce auprès de Dieu : voici que tu vas être enceinte, tu enfanteras un fils, et tu lui donneras le nom de Jésus. Il sera grand et sera appelé fils du Très-Haut". »

Luc, I, 28-31

Matin de l'Annonciation, matin de joie. Matin de lilas. Voici que l'humanité s'éveille. Une jeune fille d'Israël appelée Marie a été choisie pour devenir la consolation des hommes, et la maman de Dieu.

# S

Salve Regina

Quand je voyage dans ma mémoire, vieux chien humant les traces anciennes, je fais se lever, mythiques bartavelles, des moments privilégiés de jeunesse, d'amitié et de foi. Je revois ce moine trappiste qui fut pendant quarante années mon père spirituel.

Un après-midi, nous devisons sous la charmille dans le jardin de Bellefontaine[1]. Le père Pierre doit être jeune encore, ses cheveux grisonnent à peine :
« Henri, puisque tu restes une semaine, ne manque pas l'office des Complies, et le Salve Regina ! »
Le père Pierre est à l'ordinaire économe de conseils. Intrigué, je l'interroge :
« Il y a quelque chose de spécial ? »
Il parle d'une voix ardente, les mains enfouies dans la coule blanche :
« Le grand Salve Regina clôt la journée des moines cisterciens, sans faillir jamais, depuis le XIIe siècle. Dans le silence d'avant la nuit s'élève le chant par excellence de Marie :

*Salve Regina, mater misericordiae*
*Vita dulcedo, et spes nostra salve !*
*Ad te clamamus, exsules filii Evae*
*Ad te suspiramus, gementes et flentes*
*In hac lacrymarum valle...*

"Salut, Ô Reine,
Notre tendre mère,

1. L'abbaye Notre-Dame de Bellefontaine, couvent trappiste du diocèse d'Angers, fondé en 1010.

Vous la vie, la douceur, notre espérance,
Écoutez les fils d'Ève, qui crient vers vous
Du fond de leur exil
Voyez nos pleurs, nos souffrances
Dans cette vallée de larmes.
Entendez-nous gémir ! »

Et suit la poignante supplication :

*Eia ergo, advocata nostra...*

*« Soyez notre avocate*
*Ayez pitié de nous ! »*

Jusqu'à l'invocation finale, due à saint Bernard :

*O clemens, o pia, o dulcis Virgo Maria*

« Ô clémente, ô pieuse, ô douce Vierge Marie! »

Nous nous taisons. Le père Pierre, face à moi, penche un peu la tête, sa main s'appuie sur le dossier du banc sous la charmille :
« Mon père, dis-je enfin, notre religion chrétienne ne méprise pas nos cœurs d'homme...
– C'est une grâce, dit-il simplement, d'achever sa journée sur le Salve. »
Un milliard de chrétiens en ce monde croient à la Vierge Marie, et les moines trappistes s'endorment dans ses bras.

## T

TIBÉRIADE (LAC DE)
Et Jésus eut trente ans. Et Jésus s'en alla...

Les premiers apôtres, Simon Pierre, André, Jacques, Jean, pêchés un à un sur les bords du lac de Génésareth, que l'on appelait, à cause de l'empereur Tibère, et de la ville qu'il fit construire : Tibériade.
Les guérisons, les miracles, la foule, la Parole...
Les villes où il passa...
Un caravanier l'a aperçu à Capharnaüm, à Bethléem, à Magdala... On parle de lui le soir sur les terrasses : « Mon mari a vu Jésus, vous savez... »
Marie est souvent seule dans sa petite maison de Nazareth. Son fils devient Christ, elle médite toutes ces choses dans son cœur.

Aux abords du lac de Tibériade, là où tout commença.

## U

### Unie

Nulle créature ne fut si proche, si unie à Dieu, que Marie. C'est la chair d'icelle que le Seigneur pétrit pour nous donner son fils.
Chez Marie, chez Jésus, la même couleur des yeux. Cette ombre sur la joue quand ils baissent les paupières, le pli de ses lèvres, quand elle sourit, se retrouve chez lui. Le même cheveu noir, ce geste de la main écartée, quand il veut expliquer, convaincre, c'est d'elle qu'il le tient. Jésus fils de Dieu, et fils de Marie.
Unie au Très-Haut, étroitement par la chair et par l'Esprit, et par ce « oui » sans regret, sans faille, sans retour, qui la jeta d'un seul élan au matin de ses quinze ans dans le feu de l'Amour. Jésus et Marie à jamais : unis.

# V

## Visitation

« Visitation », ce mot suranné, qui ajoute à « visite » des mitaines, ce mot aux airs pincés, est en réalité un mot de jeunesse, un mot de printemps.

Imaginons la scène. Quelques semaines plus tôt, Marie apprend de la bouche de l'ange Gabriel qu'elle va concevoir un fils premier-né, qui sera le fils de Dieu ! Il lui faut absolument confier son secret à sa cousine Élisabeth. Marie a quinze ans, Élisabeth la cinquantaine, l'âge et l'expérience d'une mère. Le voyage est long jusqu'au pays de Judée. Il commence comme une fête. Avril ou mai, c'est la saison gracieuse en Galilée. Des matins éclaboussés de lumière, les eucalyptus, les figuiers, les oliviers chantent l'exubérance du printemps. Au pas régulier de son âne, elle chemine, Marie, et Dieu la guide. Elle arrive en Samarie, pays étrange et parfois hostile. Le soir, le soleil découpe au couteau son ombre sur les toits plats, les murs ocre d'argile séchée ; il rougeoie au loin sur la plaine. Marie et son équipage sont couverts de poussière, fatigués, brunis par le soleil. Ils pénètrent en Judée, Éphraïm et l'approche de Jérusalem. La Bible ne dit pas où habitent Élisabeth et Zacharie… Un matin enfin, la maison d'Élisabeth !

Marie se précipite vers sa cousine avec la vivacité d'une très jeune femme :

« Mon âme exalte le Seigneur ! Élisabeth, je suis enceinte de Dieu !

– Je sais, dit Élisabeth, voici que l'enfant a bondi d'allégresse en mon sein. Tu es bénie, Marie, entre toutes les femmes. »

La scène, cent, mille fois représentée. Sculptée dans la pierre des cathédrales, Chartres, Reims, Amiens, peinte par Rubens, Rembrandt ou del Piombo, sujet de vitraux partout dans le monde, jusqu'aux livres d'enluminures... la Visitation, l'un des moments les plus exaltants, les plus allègres de notre histoire chrétienne. Aux jours de déréliction, de tristesse, qu'il nous en souvienne.

## W

WOJTYLA KAROL – JEAN-PAUL II

Karol Wojtyla n'est pas un pape fragile. Ce paysan, ce montagnard dont la foi est lucide, est un pape carré. Sa voix chaude, virile sonne sur les estrades, et son pas a foulé plus de quatre-vingts pays depuis son avènement en 1978. Un pape, jusqu'à ses dernières années, solide comme un arbre. Nul ne fut moins suspect d'excès romantique, de sentimentalisme, de « mariolâtrie », comme disent nos amis protestants.

Ce fut lui pourtant qui voulut, dès 1984, consacrer le monde au « Cœur de Marie » :

*... Ô mère des hommes et des peuples, nous t'offrons et te consacrons d'une manière spéciale les hommes et les nations,*
*qui ont particulièrement besoin*
*de cette offrande et de cette consécration...*
*Ô Cœur immaculé ! Aide à vaincre la menace du mal...*
*Aide-nous par la puissance de l'Esprit-Saint à vaincre tout péché.*

Jean-Paul II, Annonciation 1984.

Je veux évoquer ici un souvenir personnel. Petit auteur débutant, j'eus la naïveté d'adresser au pape mon premier livre sur Marie. Je l'avais intitulé : *Maison d'or*, par référence à une invocation, prise dans les « Laurétanes » (Les litanies de la Sainte Vierge). Le pape reçoit chaque année des milliers d'ouvrages. J'eus pourtant l'honneur d'une réponse assez longue pour que je la crusse singulière. Le pape me rappelait que l'on ne parlerait « jamais assez » (*numquam satis*) de Marie, et m'encourageait à persévérer.

Karol Wojtyla, Jean-Paul II, un pape entre tous fils de Marie.

## X, Y, Z

Pour les dernières lettres de l'alphabet marial, je déclare forfait d'écriture personnelle. Je me contenterai de trois citations.

La première est empreinte de sagesse :

*Ne pas tenir de propos inutiles, et même s'abstenir de propos, qui ne sont pas vraiment utiles.*

Précepte zen.

La deuxième dit la même chose avec plus de grâce ·

*Le poète (et tout écrivain véritable est poète) se remarque à la quantité de choses insignifiantes qu'il n'écrit pas.*

René Char.

La troisième justifierait à elle seule mon silence :

*La rencontre de l'âme avec Dieu (ou avec Marie)*
*se tient au-delà de tout discours,*
*dans un simple échange de regards; langage d'Amour*
*qui n'est autre*
*que le langage de l'éternité.*

*La Grande Chartreuse,*
par un Chartreux, 17^e^ édition, p. 90.

AMEN.

# Table des matières

*Composé par Palimpseste à Paris*

Achevé d'imprimer en mars 2008
sur les presses de BCI

*Dépôt légal : avril 2008.*
*N° d'édition : 10197.*
*N° d'impression : 080321/1.*
*Imprimé en France.*